Liderança e Motivação

Liderança e Motivação

HARVARD BUSINESS REVIEW

ORGANIZAÇÃO

MARTIUS VICENTE RODRIGUEZ Y RODRIGUEZ

Ph.D. em Gestão do Conhecimento e Computação de Alto Desempenho pela UFRJ
Consultor da RITLA/UNCTAD

ELSEVIER

2ª EDIÇÃO

EDITORA CAMPUS

Dos originais:
Managing Away Bad Habits (*On Developing Leaders*); Personalize Your Management Development (*On Developing Leaders*); Why Entrepreneurs Don't Scale (*On Developing Leaders*); Pygmalion in Management (*On Motivating People*); Management by Whose Objectives? (*On Motivating People*); Power Is the Great Motivator (*On Motivating People*); How to Motivate Your Problem People (*On Motivating People*)
Tradução autorizada do idioma inglês das edições publicadas por
Harvard Business School Publishing Corporation

Editoração Eletrônica: DTPhoenix Editorial

Revisão Gráfica: Shirley Lima da Silva Braz

Editora Campus/Elsevier
A Qualidade da Informação
Rua Sete de Setembro, 111 – 16º andar
20050-006 – Rio de Janeiro – RJ – Brasil
Telefone: (21) 3970-9300 Fax (21) 2507-1991
E-mail: info@elsevier.com.br
Escritório São Paulo
Rua Quintana, 753 – 8º andar
04569-011 – Brooklin – São Paulo – SP
Telefone: (11) 5105-8555

ISBN 13: 978-85-352-1584-7
ISBN 10: 85-352-1584-0

Nota: Muito zelo e técnica foram empregados na edição desta obra. No entanto, podem ocorrer erros de digitação, impressão ou dúvida conceitual. Em qualquer das hipóteses, solicitamos a comunicação à nossa Central de Atendimento, para que possamos esclarecer ou encaminhar a questão.

Nem a editora nem o autor assumem qualquer responsabilidade por eventuais danos ou perdas a pessoas ou bens, originados do uso desta publicação.

Central de atendimento
tel: 0800-265340
Rua Sete de Setembro, 111, 16º andar — Centro — Rio de Janeiro
e-mail: *info@elsevier.com.br*
site: *www.campus.com.br*

CIP-Brasil. Catalogação-na-fonte.
Sindicato Nacional dos Editores de Livros, RJ

L68 Liderança e motivação / tradução Afonso Celso da Cunha Serra. — Rio de Janeiro: Elsevier, 2005. — 2ª reimpressão.
— (Harvard Business Review)

ISBN 85-352-1584-0

1. Liderança. 2. Capacidade executiva. 3. Motivação no tabalho. 4. Mudança organizacional. II. Série.

04-2821 CDD 658.406
CDU 65.016.7

Sumário

Gerenciando a eliminação de maus hábitos

James Waldroop e Timothy Butler

Todos já trabalhamos com pessoas que são excelentes operadores, mas que apresentam alguma séria deficiência de personalidade que torna a vida difícil para todos, que limita sua eficácia e que não raro se revela sério obstáculo ao seu progresso funcional. Uma, por exemplo, sempre assume trabalho demais. Outra zomba da política de bastidores, por meio da qual se obtém apoio para algum projeto. Uma terceira só vê o lado negativo de todas as propostas de mudança. Nas palavras de um executivo com quem trabalhamos, esses indivíduos são "95% brilhantes e 5% desastrosos".

Chamamos de "maus hábitos" esses padrões de comportamento destrutivo, forma abreviada para nos referirmos a falhas psicológicas profundamente arraigadas. Em outras palavras, não usamos o termo para descrever compulsões, como fumar ou roer as unhas. Tampouco o aplicamos a pessoas que, vez por outra, intimidam colegas de trabalho, enfrentam crises existenciais ou exigem muito de si mesmas. Ninguém é perfeito; todos lutamos com demônios e cometemos erros. Em vez disso, utilizamos o termo para falar de empregados cuja constituição psicológica se traduz em comportamentos problemáticos consistentes. Seus "maus hábitos" são parte central de sua personalidade e influenciam a maneira como se comportam no dia-a-dia. Na melhor das hipóteses, criam seus próprios telhados de vidro, limitando suas chances de sucesso e suas contribuições para a empresa. Na pior das hipóteses, essas pessoas, que, sob outros aspectos, são altamente competentes e valiosas, destroem suas próprias carreiras.

Embora as falhas psicológicas desses indivíduos sejam profundas, seus gerentes não estão desamparados. Dispomos de meios comprovados e eficazes para ajudar essas pessoas a reconhecer e a corrigir seus maus hábitos. Ao longo de quase vinte anos de pesquisa e prática, como psicólogos de empresas e *coaches* (treinadores) de executivos, identificamos doze diferentes padrões de comportamento, ou hábitos, que levam a esses problemas de carreira. Os gerentes contam com maior grau de alavancagem ajudando pessoas cujo comportamento se enquadra nos seguintes seis padrões:

O herói sempre exige muito de si mesmo e, em conseqüência, dos subordinados, durante muito tempo.

O meritocrata acredita que as melhores idéias podem ser e serão avaliadas de maneira objetiva e, portanto, sempre prevalecerão por seus próprios méritos; assim, ignoram os aspectos políticos inerentes à maioria das situações.

O buldôzer passa por cima dos outros como rolo compressor, em busca do poder.

O pessimista concentra-se no lado negativo de todas as mudanças; sempre se preocupa com o que pode dar errado, em vez de considerar o potencial de melhoria da situação.

O rebelde sempre combate automaticamente as autoridades e as convenções.

O goleador tenta fazer muitas coisas cedo demais — em outras palavras, sua pretensão é bater o córner e cabecear para o gol.

Sejamos claros, não estamos exortando os gerentes a fazerem mestrado ou doutorado em psicologia ou a porem os funcionários no divã. Porém, queiramos ou não, gestão hoje é muito mais do que escalar a mão-de-obra certa para a linha de montagem. Também exige conhecimento das mentes e corações. A única escolha é ser bom ou mau "psicólogo".

Ser bom psicólogo não significa explorar dificuldades no passado dos funcionários para descobrir exatamente por que agem dessa ou daquela maneira. Com efeito, se um funcionário disser "tudo começou quando sofri abusos sexuais quando eu era criança", é hora de consultar um profissional. Mas é possível usar certas táticas para ajudar o herói, o buldôzer, o pessimista e os demais tipos a se tornarem colaboradores muito mais eficazes.

Nossa ênfase é sobre os aspectos práticos. Escrevemos no passado a respeito da retenção dos grandes talentos. Este artigo se concentra em ajudar os grandes operadores a serem mais eficazes.

Ajudar as pessoas a superar os telhados de vidro criados por elas mesmas é uma dessas situações típicas ganha-ganha com que às vezes se deparam os gerentes. Quando um membro da equipe realiza seu potencial, tanto o indivíduo quanto a organização colhem os frutos. Sabemos que esse trabalho demanda muito tempo e energia por parte dos gerentes, mas temos confiança em que os benefícios para a organização oferecerão melhor retorno do que muitos outros investimentos de tempo gerencial. (Às vezes, contudo, é melhor não fazer o investimento. Nem todos responderão e o trabalho exige esforço contínuo. Para realizar uma análise preliminar do retorno sobre o investimento, ver "Vale a pena o esforço?", no final deste capítulo.)

Causas básicas

Deliberadamente, descrevemos os maus hábitos de nossa tipologia em termos simples e concretos. Mas é útil conhecer um pouco mais sobre os processos psicológicos fundamentais subjacentes a esses comportamentos. Eles resultam de uma mistura de fatores genéticos e de influências ambientais peculiares de cada indivíduo, como formação familiar e relacionamento com os pares. Em certas combinações, esse conjunto de processos gera padrões de comportamento destrutivos. Os gerentes precisam apenas levar em conta as influências desses processos. O objetivo não é oferecer conselhos, mas ajudar os empregados a controlar os comportamentos específicos que ameaçam destruir suas carreiras. Como se verá, esse propósito já é muito ambicioso.

Os quatro processos psicológicos subjacentes aos maus hábitos são:

Incapacidade de compreender o mundo sob a perspectiva de outras pessoas. Número espantoso de pessoas tem dificuldade de sair de seu próprio quadro de referências e ver o mundo sob os olhos alheios. Em outras palavras, carecem de empatia. Sob certo aspecto, não conseguiram superar o narcisismo normal da infância; talvez não tenham sido bem orientadas pelos pais, professores e outros preceptores a encarar o mundo sob o ponto de vista alheio, ao contrário do que ocorre com a maioria das pessoas, que conseguem fazer bom uso de tais ensinamentos. Dispor de senso de empatia bem desenvolvido é fundamental para ser bem-sucedido nos relacionamentos com pares, subordinados, gerentes, clientes e concorrentes.

Não-reconhecimento de quando e onde usar o poder. Muitas pessoas sentem profunda ambivalência sobre a utilidade e valor do poder. Esses sentimentos geralmente decorrem de receios inconscientes quanto à própria capacidade de destruição. O fato é que muita gente confunde uso do poder com abuso do poder. Em conseqüência, simplesmente evitam conquistar o poder ou o adquirem mas não conseguem usá-lo — e poder é fenômeno do tipo "usar ou perder", pois detesta o vácuo. Evidentemente, algumas pessoas sentem-se muito felizes ao conquistar o poder, que passam a manejar como porrete, e não como bisturi de cirurgião. Em síntese, muitos executivos não se deram o trabalho de descobrir como usar o poder com eficácia.

Inépcia no relacionamento com a autoridade. Quase todos somos ambivalentes em relação à autoridade. Como crianças, por exemplo, não raro nos rebelamos contra nossos pais, mesmo quando pretendemos continuar sob a proteção deles. Num extremo, estão os que desafiam a autoridade em todas as circunstâncias e de todas as maneiras possíveis. No outro extremo, situam-se os demasiado submissos. "Se a alta administração diz que é verdade, deve ser". A maioria das pessoas fica em algum ponto intermediário. Por exemplo, com base em nossa experiência, quase todas gostam da idéia de ter mentor, mas quase sempre se rebelam contra o próprio mentor.

Auto-imagem negativa. A baixa auto-estima pode decorrer de vários fatores. Algumas pessoas sentem-se pressionadas por nossa cultura, que supervaloriza as realizações, induzindo-nos a sermos mais bem-sucedidos — e com mais rapidez — do que os pares. A possibilidade de fracasso é sempre assustadora. Em outros casos, as deficiências de auto-estima derivam de níveis baixos ou moderados de depressão. Quaisquer que sejam as razões profundas, construir uma carreira sobre pilares de baixa auto-estima é o mesmo que erigir um arranha-céu em solo arenoso.

No entanto, essa falha psicológica solapa a confiança de um número espantoso de pessoas de negócios, desde gerentes iniciantes até executivos principais. O CEO de uma empresa de alta tecnologia bem-sucedida, o qual, inconscientemente, se predispusera a ser demitido, reconheceu mais tarde que ele nunca se sentira entrosado "com adultos de verdade". Não que ele — ou qualquer outra pessoa — deva sempre se julgar invencível. O objetivo é ser capaz de agir com eficácia e ao mesmo tempo aceitar as deficiências inevitáveis e as decepções da vida.

Com efeito, esse propósito é o elemento básico de nossos conselhos sobre como ajudar os operadores deficientes a superar os maus hábitos. A seguir, examinaremos com mais detalhes, separadamente, cada um desses padrões de comportamento.

O herói

O herói é, em geral, a última pessoa que o gerente pretende mudar. Afinal, por que interferir no comportamento de alguém que executa mais tarefas num dia do que qualquer outra pessoa numa semana? A resposta é que, no longo prazo, as pressões constantes do herói aumentam os custos e afetam o resultado final — ainda que tais efeitos adversos sejam obscurecidos pelos resultados de curto prazo. Quando se examina com cuidado a trilha do herói, é provável que se descubram pegadas de pessoas valorosas que deixaram a empresa por não resistirem às exigências sobre-humanas do herói. Dentro da empresa, é provável que se encontrem muitos colegas fatigados. E o herói em si talvez esteja totalmente estressado.

As pessoas que, por hábito, exigem de si e dos outros até o ponto de ruptura agem assim por vários motivos. Alguns heróis tornam-se viciados em sucesso desde uma idade muito tenra; outros se desdobram e se esfalfam como maneira de lidar com a própria fragilidade de sua auto-estima. A mentalidade "vou mostrar-lhes com quantos paus se faz uma canoa" em relação à autoridade também é mito comum. Sem dúvida, os heróis carecem da empatia necessária para compreender as dificuldades alheias em acompanhar aquele ritmo frenético.

Para mudar o comportamento do herói, comece expressando seu reconhecimento por suas realizações. Mas não fique muito tempo nisso — desloque o foco rapidamente para uma análise dos custos da exaustão. Converse com o herói sobre a identificação dos sinais de sobrecarga nele mesmo e nos membros da equipe. Deixe claro para ele que este é um problema muito sério — que o herói sempre tem levado a situação até um ponto em que "mais" não significa "melhor". É preciso pisar no freio.

O herói deve aprender a importância de verificar com regularidade a temperatura da equipe. Os indícios físicos são evidentes: olheiras, olhos empapuçados, bocejos disfarçados. Nas reuniões, os heróis devem prestar atenção à linguagem corporal, às expressões faciais e a outros sinais do nível de energia que sutilmente indicam resistência ou desânimo.

O gerente do herói deve ajudá-lo a preparar uma lista de verificação dos sinais de advertência de que a temperatura está ficando muito alta. Aí devem incluir-se as horas em que o herói e outros estão deixando mensagens de voz e e-mails, o número de carros no estacionamento depois das 21 horas, o aumento da incidência de doenças entre os empregados (sobretudo a quantidade de pessoas que vem trabalhar mesmo quando estão doentes), e os casos de problemas conjugais. O herói deve preparar a lista uma vez por semana e apresentá-la ao gerente.

Os heróis precisam raciocinar mais em termos de ganhar a guerra do que em vencer todas as batalhas. O bom general sabe quando recuar para depois contra-atacar com todas as forças. Da mesma maneira, deve-se recompensar o herói por ações que demonstram o foco no longo prazo e repreendê-lo por exageros para a obtenção de resultados imediatos. Sabemos de um caso, por exemplo, em que o herói foi admoestado por fazer sua equipe trabalhar no fim de semana do Dia da Independência dos Estados Unidos. Enfatize-se que se precisa do herói para tomar decisões estratégicas, mas que ele deve delegar a implementação sempre que possível. Conforme o caso, também se pode encorajá-lo a contratar um assistente de confiança, incumbido de puxar as rédeas sempre que o nível de exigência for excessivo.

Se o herói se intrometer com freqüência no tempo dos subordinados em casa, talvez seja necessário proibi-lo de procurar o pessoal fora dos horários de trabalho, à noite ou nos fins de semana. Caso essa solução pareça muito rigorosa, dispõe-se da alternativa de pedir-lhe que deixe claro que não espera uma resposta até o dia seguinte ou até depois do fim de semana.

Finalmente, é fundamental que alguém assuma a função oficial de observar o herói. Ao se lidar com esse mau hábito, o objetivo é diminuir o volume, sem desligar o aparelho. Eis por que se necessita de alguém com capacidade de audição normal para ajudar o herói a ajustar o nível do som. O gerente do herói talvez resolva assumir ele próprio essa atribuição pelo menos em tempo parcial. Mesmo assim, é bom pedir a opinião alheia. Pode-se ajudar o herói a escolher um colega de confiança para levar a cabo essa tarefa. Pelo menos de início, essa pessoa deve ajudar o herói a tomar a temperatura da equipe. As pessoas, em sua maioria, relutam em dizer ao herói que estão cansadas e precisam de uma pausa.

Mudar o comportamento do herói é uma proposta delicada. Afinal, deseja-se que o herói continue fazendo tudo de bom que tem feito. Ao mesmo tempo, convém deixar claro para os heróis que não há nada de heróico em nocautear a si mesmo e aos outros. A delicada "sintonia fina" desses importantes colaboradores é essencial.

O meritocrata

Os meritocratas acreditam com toda a convicção que o mundo é um mercado justo, no qual as melhores idéias vencerão por seus próprios méritos. Essas pessoas quase sempre foram brilhantes na escola. Em geral, são excelentes em testes e provas e sempre eram recompensadas por obterem os melhores resultados; assim, passaram a confiar com certa ingenuidade na autoridade dos fatos objetivos e mensuráveis. Nunca aceitaram a realidade de que no mundo real as idéias devem ser vendidas, negociadas e formatadas para atenderem às exigências políticas e organizacionais. É preciso estar disposto a aceitar um processo árduo e flexível de toma-lá-dá-cá e de concessões recíprocas, no qual não se leva tudo. As pessoas que não aceitam esses fatos básicos não serão tão eficazes quanto poderiam ser — em qualquer situação.

Hal, por exemplo, trabalhava como analista de ações num banco de investimentos de Nova York. Era um gênio em cálculos — conseguia esmiuçar um balanço patrimonial mais rápido e melhor do que qualquer outra pessoa. Mas fervia por dentro quando alguém questionava sua análise de uma empresa ou ignorava suas recomendações, sobretudo se agiam somente com base em seus instintos sobre o mercado. Do mesmo modo, quando colegas menos brilhantes, porém com mais tarimba política, eram promovidos na frente dele, Hal ficava furioso. Obviamente, essas reações eram parte das razões por que ele não era promovido. O comportamento meritocrático de Hal sabotava sua carreira.

Para ajudar um meritocrata, deve-se, primeiro, oferecer-lhe simpatia. Vá adiante e concorde que é realmente uma terrível perda de tempo ter que persuadir os outros a apoiar idéias cujos méritos são evidentes, precisar dar aqui para receber ali, andar na ponta dos pés entre alguns cães adormecidos e atirar carne para os que estiverem acordados — e, acima de tudo, que é muito ruim até mesmo ser obrigado a desperdiçar valiosas horas de trabalho com esse tipo de discussão. No mundo ideal, os sentimentos e lealdades pessoais não teriam lugar no processo decisório.

O passo seguinte é levantar uma questão muito difícil, mas importante: até que ponto você quer ser eficaz? Nós mesmos fizemos isso, usando Jimmy Carter como exemplo. Carter foi um presidente altamente inteligente e imbuído dos mais rigorosos princípios, que se mostrou inarredável na realização de seus ideais. No entanto, até mesmo o mais convicto democrata concordaria que Ronald Reagan foi mais eficaz do que Carter na conquista do apoio do Congresso e do público para o seu programa. Perguntamos: "Você quer ser 100% puro, como Carter, ou prefere ser muito mais eficaz, como Reagan? É preciso escolher uma das alternativas".

E por que se incomodar com esse tipo de conversa? Porque os meritocratas geralmente estão entre as pessoas mais trabalhadoras, mais brilhantes e mais bem-educadas das organizações. Os gerentes precisam mostrar-lhes que é possível trabalhar nas organizações, realizar muita coisa e ainda assim emergir mais ou menos imaculado do processo — digamos, 90% puro.

Dê ao meritocrata relativamente pouco tempo para absorver essa mensagem, mas não permita que ele resvale para a autocomiseração. Em vez disso, parta para algo concreto: "Que tal aquela idéia que você me expôs na semana passada? Vamos realizá-la. Quem precisamos trazer a bordo para levá-la adiante? Que adversários precisamos neutralizar? Que escolhas e concessões precisamos fazer? Como vender a idéia para quem realmente toma a decisão final? Será que devemos pedir alguma coisa agora, já no intuito de desistir dela mais tarde, como se estivéssemos fazendo uma concessão?". E assim por diante.

O propósito é comunicar que o processo de realmente conseguir algo é vibrante e desafiador — é como jogar um jogo cujos resultados são de fato importantes. Nada é tão gratificante quanto o sentimento de eficácia pessoal, e é isso que o meritocrata — com toda a sua bravata extremista — tende a perder. No entanto, depois de experimentar o gosto do sucesso, é provável que queira repetir a dose e, na segunda vez, tudo parecerá mais natural.

Como o herói, o meritocrata precisa aprender muito mais sobre sua equipe. Em relação a cada membro, ele deve perguntar-se: Para que essa pessoa trabalha — dinheiro, prestígio, desafio intelectual, conquista de poder? O que essa pessoa mais gosta de fazer — resolver problemas, refletir sobre a situação geral, cantar de galo? E como essa pessoa trabalha — com atenção aos detalhes, por intuição, mediante redes de relacionamento ou sozinha, num lugar tranqüilo? Somente quando as compreender e levar em conta as diferenças individuais, o meritocrata será capaz de fazer com que as pessoas apóiem suas metas e contribuam com o melhor de si para os projetos.

A compreensão e aceitação dos fatores pessoais que influenciam o processo decisório são difíceis no início. Assim, o gerente do meritocrata precisa ajudá-lo a encarar esses fatores com objetividade, como qualquer outro que deva ser levado em consideração. Evidentemente, nem todos se conformarão com essa nova forma de atuação. Alguns preferirão transferir-se para outros lugares, em busca de uma verdadeira meritocracia. No final das contas, contudo, a empolgação da vitória será suficiente para convencer os meritocratas a mudar seu comportamento, a não ser os mais empedernidos e intratáveis.

O buldôzer

Os buldôzeres são pessoas que concluem desde cedo que o mundo é um lugar hostil, no qual devemos fazer com o próximo, antecipadamente, o que não queremos que façam conosco, com mais 10% de maldade, antes que nos ataquem primeiro. Assim, assustam e afastam todos em seu caminho. Não confiam nos outros e os outros não confiam neles. Ao mesmo tempo, são extremamente leais com os seus chefes e conseguem fazer as coisas — razão por que vale a pena tentar ajudá-los.

Esses indivíduos relutam em alterar um estilo que, na opinião deles, é altamente eficaz. Assim, para mudar um buldôzer é necessário também agir como buldôzer. Para começar, pergunte-lhe se tem idéia de quantos inimigos ele já fez na empresa. Prossiga com uma afirmação contundente que temos usado em nossas atividades de consultoria: "Se o assunto fosse submetido a votação, não há dúvida de que você já teria sido demitido".

O buldôzer retrucará que você está sendo injusto. Ao que se deve responder: "Olha, não quero saber se você acha que é a pessoa mais gentil do mundo. Nem mesmo importa se eu concordo, porque muita gente discorda. Isso é como a história do comediante que se considera engraçado, mas o público não acha graça. No duro, o que importa é a opinião do público".

É bom ter algumas provas concretas. "Você percebeu que, na reunião de ontem, ninguém disse uma palavra depois que você acabou de contestar a Joanne?" ou "As pessoas geralmente se referem a você como cruel, de má índole, e alguém a quem nunca dariam as costas". (Já ouvimos esses e outros comentários sobre buldôzeres.) Para refutar as negações dos buldôzeres, não raro é preciso chegar ao extremo: "Não vou ficar tratando você como criança. Você está saindo muito caro. Mude ou procure outro emprego".

A ameaça de ser despedido é geralmente muito motivadora. Se o buldôzer mostrar que está disposto ao ouvir, o passo seguinte é começar uma campanha de reaproximação. Diga ao buldôzer para preparar uma lista de suas vítimas — as pessoas com quem já se indispôs na empresa. Se ele tropeçar — se a lista for muito curta —, ajude-o a completá-la. O buldôzer deve, então, classificá-las da mais prejudicada para a menos prejudicada. Em seguida, escolhendo primeiro a pessoa menos ofendida — em outras palavras, a mais fácil de enfrentar —, vocês dois devem escrever (literalmente, no papel) uma desculpa que *deva* conter as palavras "Sinto muito".

Por mais simples que pareça, é fundamental que o buldôzer se desculpe por seus erros no passado; e não será fácil. Para que o buldôzer se acostume a usar as palavras mágicas, disponha-se a desempenhar o papel da pessoa com quem ele fará as pazes. É provável que a lista de pessoas que merecem desculpas seja muito longa, o que lhe proporcionará muitas oportunidades para praticar suas novas atitudes, mas o primeiro passo é sempre o mais difícil. O pedido de desculpas em massa não eliminará os danos, mas é um primeiro passo necessário.

Evidentemente, a meta derradeira é conseguir que o buldôzer evite prejudicar outras pessoas. Para tanto, ele deve tornar-se mais consciente de quando está a ponto de passar por cima de alguém — que músculos ficam tensos, que pensamentos lhe passam pela cabeça —, de modo a controlar-se. Talvez seja necessário que saia da sala de reuniões durante alguns minutos ou que, durante uma conversa com alguém, quando se sentir na iminência de explodir, finja que precisa dar um telefonema. Essas táticas simples geralmente são muito úteis.

A confrontação inicial do gerente com o buldôzer deve ser forte e direta. É importante enfrentar o buldôzer assim que possível, depois de vê-lo em ação; ele começará a reconhecer pistas internas, caso se possam mostrar-lhe ações externas quando elas ainda estiverem frescas na mente dele. (Essa recomendação serve para todos os maus hábitos. A exemplo das pistas na cena de um crime, as lembranças se desvanecem com rapidez.) Como no caso do herói, é boa idéia, no começo, chegar a um acordo quanto a alguém em quem o buldôzer confie para monitorar o comportamento dele. Se o buldôzer demonstrar disposição para mudar, ele será capaz de construir estradas sem achatar as pessoas com que se defrontar no seu caminho.

O pessimista

Os pessimistas não têm nada a não ser as melhores intenções. O objetivo deles é proteger a organização contra os males de que poderia ser vítima em razão de mudanças mal orientadas. O problema é que os pessimistas consideram *todas* as mudanças mal orientadas.

As preocupações dos pessimistas às vezes são justificadas — baseiam-se no conhecimento de erros que outros cometeram no passado. Com mais freqüência, no entanto, os pessimistas simplesmente sufocam a criatividade e bloqueiam boas oportunidades. Também são propensos à microgestão, ficando em cima de todo o mundo para que não cometam erros.

Os pessimistas são motivados, sobretudo, pelo medo da vergonha — de estarem errados ou de serem impróprios. E a preocupação em evitar a vergonha pode difundir-se insidiosamente por toda a cultura da organização, convertendo-se em modus operandi inconsciente, com efeitos desastrosos sobre a capacidade da empresa de inovar e de assumir riscos.

Felizmente, os gerentes dispõem de táticas para combater o negativismo do pessimista. Comece dizendo-lhe que você está do lado dele, ao analisar as propostas de mudança com o devido cuidado. Esse posicionamento permite que se evitem discussões inúteis sobre os prós e os contras de cada iniciativa. Observe, então, que, como na história da criança que quando ia a praia tinha a mania de entrar na água e gritar socorro, você receia que o impacto dos alarmes dele esteja diminuindo. Além disso, ele está dando almoço de graça aos outros membros do grupo: "Eles não precisam preocupar-se e, sem dúvida, não têm motivos para expressar reservas. Afinal, delegaram essa atribuição a você". A mensagem é que não há nada de errado em preocupar-se, mas é importante que seus receios tenham outros objetivos, além de somente preservar o status quo; devem apresentar um lado construtivo.

Uma das maneiras de transformar as preocupações do pessimista em ferramenta mais eficaz é ensiná-lo a avaliar melhor o risco. Os pessimistas não só ignoram o lado positivo das mudanças, mas também quase sempre ignoram o lado negativo da inação. Diga ao pessimista que, no futuro, quando alguém propuser alguma iniciativa de mudança, ele deve desenhar uma matriz dois por dois, que contemple as vantagens e desvantagens da mudança, assim como as vantagens e as desvantagens da inação. Quando essa análise sistemática das iniciativas se transforma em rotina, o pessimista será forçado a analisar os riscos com mais objetividade.

Como último passo, pode-se proteger o pessimista contra todos os tipos de risco, exceto um. Veja este exemplo. Um de nossos clientes, executivo de um banco comercial, usou quase essas palavras exatas para ajudar um subordinado que dizia não a todas as oportunidades. Nosso cliente finalmente conversou com ele: "Olha, temos que assumir algum risco quando emprestamos dinheiro — é por isso que cobramos juros!". E ajudou o subordinado a encarar o risco de nova maneira, com o seguinte argumento: "Se você tentar algo novo e fracassar, eu assumo a culpa. Se você tentar algo novo e for bem-sucedido, você fica com os créditos. Mas, se eu descobrir que você está se recusando a correr riscos ou interferiu na execução das boas idéias alheias, você será responsabilizado". O pessimista entendeu a mensagem e aprendeu a analisar o risco com mais objetividade.

No jogo de xadrez, jogar todas as partidas para empatar não é o objetivo; a meta é vencer o adversário com um xeque-mate. O pessimista deve compreender que está jogando para ganhar, não para continuar na mesma. Na economia de hoje, não há empates.

O rebelde

Os adolescentes demonstram rebeldia usando roupas não-convencionais e ostentando penteados exóticos. Na verdade, a maioria simplesmente está imitando a aparência de seus pares. No ambiente de trabalho, os rebeldes também podem ser muito convencionais em suas reações reflexas contra o status quo. Embora se imaginem revolucionários, boa parte do protesto deles contra "o sistema" não vai além de simples resmungos — raramente tomam providências para mudar as coisas que os aborrecem.

É fácil reconhecer os rebeldes. São aqueles que sempre fazem perguntas inadequadas nas reuniões, que soltam piadas sobre a gerência da empresa e que questionam em público os motivos por trás das maiores mudanças. Revestem as paredes de seus cubículos com cartuns do Dilbert e cumprem a letra das políticas e normas organizacionais, mas jamais aderem a seu espírito. Em suma, os rebeldes são ameaça suficiente ao moral para que se justifique o esforço de correção de seu comportamento, presumindo que, sob outros aspectos, sejam valiosos para a empresa.

Aquilo de que os rebeldes mais gostam é um jogo de cabo-de-guerra. Portanto, sua primeira tática como gerente deve ser recusar-se a jogar. Não se descontrole, não reaja a provocações. Nessas condições, podem-se adotar duas abordagens para ajudar o rebelde a livrar-se de seu padrão de comportamento negativo.

A primeira é cooptar o rebelde, tornando-o responsável por alguma tarefa até certo ponto de alta visibilidade, que exija a cooperação alheia. Em síntese, ele é transferido da platéia para o palco, onde se converte em foco das atenções. A oportunidade de assumir um projeto interessante e importante é, basicamente, um suborno. Alguns rebeldes perceberão a realidade, mas, seja como for, enfrentarão o desafio. Outros se recusarão obstinadamente a entrar no jogo — caso em que se parte para a segunda abordagem.

Comece perguntando ao rebelde, em tom neutro e não-ameaçador, se ele está pensando em se demitir da empresa. Quando ele — em estado de choque — responder que não, diga-lhe que você estava achando que sim, pois ele dá a impressão de estar sempre ultrapassando os limites, manifestando suas frustrações e depreciando a organização. Se ele responder com algo do tipo "Não, essa é apenas a minha maneira de falar; estou só brincando", volte ao ataque com força: "Não aceito essa situação. E, em todo o caso, as coisas que você diz magoa as pessoas e afeta o moral do grupo. Isso não pode continuar assim".

Então, mude a marcha: "Sendo mais objetivos, você acha que muitas coisas por aqui precisam mudar, certo?". É provável que o rebelde dê algum tipo de resposta direta. Nesse ponto, lance um desafio. "Muito bem. Até agora, você tem sido tão eficaz como revolucionário quanto meu filho de três anos. Tudo que preciso fazer é dizer a ele para *não* fazer o que realmente não quero que ele faça, e ele não faz. E vice-versa. Mas, se você de fato pretende combater os aspectos contraproducentes do "regime", você quer fazê-lo de maneira eficaz, como numa guerrilha? Ou você quer ser apenas o cara que faz discursos inflamados antes de ser arrastado para o paredão, diante do esquadrão de fuzilamento?"

Como a segunda alternativa é uma opção pouco atraente, o gerente agora tem a oportunidade de ajudar o rebelde a transformar-se em verdadeiro líder da mudança. A primeira tarefa do rebelde deve ser passar uma semana ou duas como antropólogo cultural, observando todos os elementos sutis da cultura organizacional: A maneira como as pessoas se vestem e como falam umas com as outras; o quanto revelam sobre suas vidas pessoais; como se alinham nos grupos; como se tomam as decisões, na versão oficial e na prática do dia-a-dia; quem exerce poder e influência informais; e assim por diante. Peça a ele que lhe apresente um relatório formal de suas conclusões ao fim deste período.

Depois que o rebelde reunir essas informações, pergunte-lhe o seguinte: "Se você realmente fosse um revolucionário, combatendo a ditadura em algum lugar do planeta, seria melhor destacar-se ou misturar-se?". Como a resposta é clara, empurre o rebelde para a conclusão lógica: "Você não tem escolha. Pode trabalhar para mudar as coisas aqui ou manter seus velhos padrões e ser apenas um fator de irritação. Se optar pela segunda alternativa, sua carreira ficará estagnada e sua influência na organização nunca será muito relevante. Espero que sua escolha seja a primeira alternativa, pois você está certo — este lugar não é perfeito e precisamos de pessoas como você para melhorá-lo".

A história de Charlotte, jovem gerente que foi admitida como empregada de uma grande empresa seguradora, ilustra nosso ponto. Ela ficou surpresa com a atitude de superioridade com que a gerência sênior tratava os funcionários. Sua resposta foi torcer o nariz para a instituição, vestindo-se de maneira muito mais informal do que os outros gerentes e almoçando com os funcionários de linha de frente. Quando os executivos conversaram com ela sobre essa atitude, Charlotte resolveu empenhar-se em mudar a cultura da empresa. E assim o fez. Em vez de exteriorizar seus sentimentos pela maneira informal de se vestir, ela enfrentou diretamente os seus pares a respeito de suas atitudes superiores. (No entanto, ela acabou concluindo que o ritmo de mudança era muito lento e procurou outro emprego.)

O rebelde que realmente se importa com a empresa (e com sua carreira) verá luz no fim do túnel. Em vez de ser negativo para satisfazer-se a si mesmo, concentrará suas energias na crítica produtiva e na construção de uma empresa melhor. O rebelde não mudará da noite para o dia, e durante algum tempo será necessário observar de perto a sua atuação, por meio de reuniões freqüentes. No entanto, as recompensas serão compensadoras.

O goleador

O goleador é a pessoa que sempre sonha com o clamor da multidão quando a bola estufa o barbante. Em termos de negócios, visualiza sua fotografia na capa da *Fortune*, como fundador da mais quente pontocom, ou imagina-se chegando a sócio em tempo recorde, ao conquistar o melhor cliente. Prosseguindo na metáfora do futebol, o problema é que o goleador tende a errar muito nos chutes a gol, driblando demais ou disparando de longe, quando teria sido preferível passar a bola para um companheiro menos marcado. Dessa maneira, contribuiria muito mais para o sucesso da equipe. Em outras palavras, o goleador concentra-se em coisas grandiosas demais, cedo demais.

Como gerente do goleador, você deve transmitir duas mensagens. Número um, você aprecia o esforço, a ambição e a autoconfiança dele. Número dois, quer que ele avance com tanta rapidez quanto possível, mas em velocidade que garanta seu progresso contínuo.

O goleador deve compreender que o gerente não o está segurando por questionar sua capacidade. Na verdade, já o considera muito bem-sucedido — e na trajetória certa. Evidentemente, ele gostaria de estar no topo agora; essa é a expectativa natural de um grande realizador. Mas você está certo de que ele chegará lá, se persistir no programa.

O passo seguinte é explicar em que consiste o programa. Talvez inclua passar algum tempo no exterior, trabalhar mais com determinados clientes e envolver-se com as novas iniciativas da empresa na Internet. Também é bom mostrar o exemplo de pessoas que já estejam em posições por ele almejadas e analisar a trajetória de suas carreiras; dessa maneira, o goleador compreenderá que elas não se limitaram a atravessar a rua e assumir o cargo de alto nível.

Os goleadores têm medo de ficar estagnados e receiam que seus esforços extremos para atingir o cume não sejam reconhecidos. Portanto, é importante conversar com eles sobre a progressão de suas carreiras e elogiá-los com freqüência, tanto pelas pequenas, quanto pelas grandes realizações. Essas atitudes por parte de seu superior hierárquico imediato reforçarão a confiança do goleador de que, no devido tempo, ele também terá sua chance na seleção local e talvez até na seleção nacional.

John, por exemplo, é um engenheiro de software cuja ambição e impaciência redundavam em escolhas impróprias. Ele estava a ponto de deixar a empresa — achamos que numa atitude imprudente. Convencemo-lo a manifestar seus anseios para seu gerente e a pedir reuniões mais freqüentes do tipo "Como estou indo?". Por meio dessas reuniões, John desenvolveu uma perspectiva mais ampla, que o levou a perceber os investimentos do gerente no seu sucesso. Até então, ele simplesmente não fora capaz de visualizar a trajetória de sua carreira. Agora, tendo recebido feedback sobre o valor de seu trabalho, decidiu continuar na empresa.

Numa economia impulsionada pelo conhecimento armazenado na cabeça das pessoas, todos os bons gerentes devem raciocinar como psicólogos, para maximizar o potencial de sua equipe. Não lhes cabe resolver os problemas psicológicos profundos do seu pessoal, nem devem tentar. O grande interesse dos gerentes concentra-se nas ações e nos resultados da equipe. Embora, sem dúvida, as táticas que recomendamos aqui não dêem certo em todos os casos (algumas pessoas realmente não querem mudar; outras já se comprometeram demais na organização para serem recuperáveis), essas abordagens são eficazes em muitas situações. Elas podem ajudar a converter seus operadores brilhantes, mas com alguns defeitos, em grandes realizadores — para o benefício deles próprios e da empresa.

Vale a pena o esforço?

Antes de tentar ajudar uma de suas estrelas defeituosas a corrigir seus maus hábitos, é preciso tomar uma decisão crucial: Será que a pessoa é suficientemente valiosa para justificar o investimento?

Para responder a essa pergunta, considere os desfechos possíveis. Os melhores e piores cenários são bastante óbvios. O resultado mais provável, contudo, é que o indivíduo compreenda as suas pistas e realmente se esforce para mudar, mas que nunca consiga erradicar totalmente o comportamento problemático. Qual é o seu limite para uma recuperação "apenas satisfatória" (suficientemente boa)? A partir de que ponto o índice custo-benefício se movimenta a seu favor? Tenha em mente que, ao exigir perfeição, você está condenando todo mundo ao fracasso.

Também é importante verificar se você, como gerente, é a pessoa certa para ajudar o empregado a mudar. Mesmo quando o supervisor imediato reconhece algum padrão de comportamento indesejável num dos seus subordinados, é bem possível que, como chefe, não se sinta à vontade para lidar com a questão. Talvez você não se considere com tempo e energia suficientes para a tarefa; talvez o empregado problemático trabalhe em outra localidade. Em ambos os casos, é possível obter ajuda do departamento de recursos humanos ou de profissionais externos, como de um psicólogo de empresas altamente experiente ou de um coach de executivos tarimbado, ambos como alternativas totalmente aceitáveis.

Se você, como gerente, quiser prosseguir sozinho, planeje a reunião inicial com cuidado. Tenha o cuidado de destinar tempo suficiente para analisar completamente a situação. Não convém abrir a questão, quando não se tem tempo suficiente para explorá-la em profundidade.

Também é importante expressar com clareza as razões pelas quais você acha que esse operador brilhante se enquadra em determinado padrão de comportamento. Faça algumas anotações prévias, de modo a ser específico e direto. Provas concretas e recentes são mais contundentes. Por exemplo, "Na nossa reunião com Don, você o interrompeu várias vezes, quando ele estava explicando as dúvidas dele a respeito de seu plano" ou "Eu lhe pedi três vezes para conversar com a Tereza acerca da sobrecarga de trabalho dela; mas até hoje vocês não se reuniram e ela continua assoberbada de serviço". Também é bom sugerir algumas idéias específicas para ajudar a pessoa a mudar seu comportamento; tais idéias serão modificadas e enriquecidas durante a conversa, mas é importante definir um ponto de partida. Finalmente, arranje tempo para uma reunião de acompanhamento logo depois da primeira conversa, de preferência mais ou menos uma semana depois. A missão de ajudar alguém a mudar certo padrão de comportamento não é uma operação simples que se realiza de uma vez. Os maus hábitos se desenvolvem ao longo de anos e não mudarão da noite para o dia.

Original publicado em setembro de 2000.
Reimpressão R00512.

Personalize o desenvolvimento de seus líderes

NATALIE SHOPE GRIFFIN

> ***Programas de treinamento utilizados por empresas em geral são padronizados. A Nationwide Financial constatou que a abordagem individualizada é muito mais eficiente.***

A maioria das organizações se debate com o desenvolvimento da liderança. Promove seus profissionais de alto desempenho a cargos de gerência, submete todos a um punhado de workshops e seminários e, então, os atira à cova dos leões. No processo darwiniano que se segue, quem consegue sobreviver e progredir é recompensado; os demais são punidos ou transferidos. Uma proporção alarmante de indivíduos cai na segunda categoria.

Por que tanta gente desperdiça uma chance de sucesso? O problema não é, simplesmente, que novos gerentes não tenham talento ou capacitação para o cargo. Minha conclusão é que fracassam porque a estratégia de desenvolvimento das empresas é falha. Vi centenas de líderes em formação malograr na tentativa de dominar a difícil e sutil tarefa de chefiar. Tal tombo ocorre porque a empresa não reconhece o impacto de traços, ideologias ou comportamentos pessoais sobre a capacidade de um indivíduo liderar. A verdade é que ninguém deixa a individualidade na porta ao mergulhar no grande caldeirão corporativo e tampouco se enquadra num único perfil de líderes em formação.

Na Nationwide Financial, uma empresa de serviços financeiros com 5 mil funcionários sediada em Columbus, Ohio, descobrimos que indivíduos admitidos em programas de desenvolvimento de executivos se enquadram em quatro categorias, cada qual com seus desafios e suas oportunidades. Primeiro, há o líder relutante. É aquele que parece ter todas as qualidades exigidas de um excelente executivo, mas não consegue imaginar o próprio sucesso num papel de liderança. O líder arrogante tem o problema oposto: acredita possuir todas as qualidades de liderança necessárias. Mas falta-lhe, em geral, a empatia e a humildade características de um líder eficaz. A terceira categoria, o líder desconhecido, tem a combinação certa de humildade, autoconfiança e capacidade de liderança, mas seu talento é ignorado porque não cultiva relacionamentos fora do pequeno círculo de colegas chegados. Há, por fim, o workaholic, o tipo mais comum entre nossos candidatos a cargos de chefia. É gente premiada por colocar o trabalho acima de tudo e por passar um tempo excessivo trabalhando. Infelizmente, muitos carecem da perspectiva e da personalidade capazes de inspirar os demais.

Identificar os quatro tipos de possíveis líderes e criar um programa de desenvolvimento específico para cada um foi uma bênção para a Nationwide Financial. Ao tratar potenciais líderes como indivíduos — atendo-se à personalidade e às circunstâncias únicas de cada um, oferecendo a todos um *coaching* eficaz e experiências práticas de administração, o programa de desenvolvimento de liderança do Nationwide produziu dezenas de executivos eficientes num período de rápido crescimento e expansão. Ou seja, quando a firma mais precisava de líderes.

Saídas para a escassez de executivos

Em 1996, a liderança da divisão de seguros de vida da Nationwide Financial declarou estado de emergência administrativa. Com a horizontalização das estruturas organizacionais durante o boom econômico e a promoção ou aposentadoria dos gerentes de nível médio e sênior que restavam, o pessoal que deveria substituí-los se mostrava cada vez mais incapaz de liderar. O nível de satisfação dos funcionários despencou, devido à medíocre liderança na linha de frente, que também padecia de um descontentamento e uma alta rotatividade. O baixo moral era exacerbado pelo fato de que a Nationwide adotara na marra a onerosa prática de buscar fora da casa executivos tarimbados. Logo, quem tinha esperanças de promoção sentia-se preterido. Era patente que a empresa precisava formar uma nova geração de líderes competentes oriundos de suas próprias fileiras.

Para lidar com a preocupante situação, uma equipe multifuncional (que mais tarde eu viria a integrar) avaliou as melhores práticas de gestão de talentos e desenvolvimento de liderança e decidiu criar um processo de formação de executivos. Concluímos que só um programa rigorosamente administrado e empenhado no aprimoramento contínuo poderia dar os resultados que a empresa esperava. A equipe decidiu tornar o programa optativo, e não um requisito obrigatório para posições de chefia. Para que os participantes dessem duro durante o processo de desenvolvimento, a admissão deveria ser um cobiçado prêmio. Para tanto, o processo de admissão seguiu os moldes das melhores escolas de administração. Além de apresentar uma série de documentos — avaliações de desempenho, um ensaio, respostas a um questionário e a recomendação de um chefe —, os candidatos seriam selecionados e entrevistados por uma equipe de gerentes de escalão superior e profissionais de RH.

Com duração de um ano, o programa de desenvolvimento incluía *coaching*, orientação de mentores, observação dos demais, experiência prática de administração e aulas de treinamento, tudo com o respaldo de sessões regulares de feedback. O desenvolvimento dava atenção à pessoa inteira, e não só a competências isoladas. À medida que as primeiras equipes passaram pelo programa, notamos que quase todos os participantes se encaixavam numa das quatro categorias citadas. Nos últimos cinco anos, desenvolvemos abordagens específicas para cada tipo de candidato ao comando.

O líder relutante

Cerca de 20% dos participantes do programa são "líderes relutantes". É gente que possui a matéria-prima necessária para virar um líder de destaque mas é sabotada pela falta de confiança. Profundamente enraizada, sua insegurança se manifesta de várias maneiras: indecisão, aversão a riscos, tendência a evitar conflitos. Para transformar um líder relutante num líder vigoroso, é preciso ajudá-lo a mudar suas idéias preconcebidas sobre sua própria capacidade, dar-lhe treinamento específico para a tomada de decisões e a gestão de conflitos e doses constantes de incentivo.

Vejamos o exemplo de Julie, uma dedicada funcionária da nossa central de atendimento. Embora fosse uma líder nata, Julie abominava tal idéia. Era capaz, inteligente e compreensiva, mas simplesmente não acreditava que tivesse o direito de tomar decisões em nome dos outros. Além disso, havia trabalhado para muitos chefes que assumiam o mérito por aquilo que ela realizava. Julie estava convicta de que ser chefe significava agir com mesquinhez e que alterar seu estilo para enquadrar-se em tal padrão não era possível nem desejável. Mas, como era incentivadora e competente, seus colegas, naturalmente, a procuravam para pedir orientação e feedback. Na verdade, Julie já era informalmente a líder da turma. Quando seu superior lhe pediu que se candidatasse a chefe da central e ao programa de liderança, ela inscreveu-se com relutância. Foi aceita. Ainda assim, não se achava uma líder, mas apenas um membro da equipe com deveres administrativos adicionais.

Logo ficou claro, porém, que Julie teria de fazer mais do que apenas um membro da turma como outro qualquer. Julie foi encarregada de uma nova equipe da central de atendimento. Eram 15 atendentes. Segundo os boatos, vários tinham sido "atirados" na área de Julie por gerentes incapazes de motivá-los ou de demiti-los. Era uma equipe famosa por nunca atingir metas de qualidade e produtividade. Ainda assim, Julie optava pela discrição; diante de decisões a tomar, hesitava. Um comentário seu numa sessão de *coaching* individual resumiu perfeitamente sua atitude: "Quem sou eu para tomar essas decisões? Não sou mais importante do que meus colegas. Vou deixar que decidam. Afinal, são todos adultos".

Para aprender a ser uma boa líder, Julie precisava primeiro descartar suas noções negativas sobre a liderança. No seu caso, o feedback de 360 graus foi uma excelente ferramenta. Obteve uma alta pontuação quanto à capacidade de lidar com problemas de clientes, obter resultados e colaborar com colegas para resolver problemas. E todos gostavam dela; foi elogiada por criar um ambiente de trabalho alegre e por ajudar os outros a não perder a perspectiva, mesmo diante de volumes máximos de trabalho. Uma pessoa escreveu: "Eu seguiria a Julie aonde quer que ela fosse". Depois do elogio, veio a crítica: "Só gostaria que ela tivesse confiança na própria capacidade de tomar decisões e assumisse a liderança". Julie ficou espantadíssima com os comentários. Percebeu que, como líder, já possuía a empatia que buscara nos chefes; mas descobriu também que estava longe de realizar todo seu potencial. Ao compartilhar o feedback com a equipe, Julie explicou por que relutara em tomar decisões. Pediu, então, ao grupo que falasse das expectativas a seu respeito e resumiu suas aspirações no que se refere a eles.

O líder relutante parece ter todas as qualidades exigidas de um excelente executivo, mas não consegue imaginar o próprio sucesso num papel de liderança.

Com a finalidade de ajudar Julie a ficar mais à vontade para tomar decisões e administrar conflitos, seu mentor criou uma série de problemas hipotéticos para que ela enfrentasse. Durante as sessões de *coaching*, pedimos a Julie que tomasse decisões sobre dilemas cotidianos da central e as justificasse. Eis um exemplo de problema: "Um cliente liga para reclamar que ainda não recebeu o dinheiro que, conforme pediu, deveria ser transferido da conta dele. Você descobre que o dinheiro foi enviado por engano à conta de outro cliente. A quantia é significativa, e o chefe vem sempre pedindo à equipe que procure atender os clientes sem perder dinheiro. O que você faz? Manda imediatamente o dinheiro de volta ao cliente que ligou, com um pedido de desculpas, ou tenta primeiro reaver a quantia com o outro cliente?". Julie teve de perguntar a si mesma: "Qual das duas opções seria mais prejudicial para as finanças da Nationwide: reembolsar o cliente ou encarregar uma empresa de cobranças de recuperar os fundos?" Ela decidiu reembolsar o cliente e, quando seu mentor disse que no seu lugar teria tomado a mesma decisão, sentiu-se mais segura quanto ao seu discernimento. O mentor acrescentou que é mais caro para a Nationwide conquistar um novo cliente do que conservar um já existente, de modo que é fundamental cultivar o relacionamento. À medida que Julie foi ganhando prática em ponderar e tomar decisões administrativas num ambiente seguro, aos poucos aprendeu a confiar no próprio raciocínio, em seu conhecimento do ramo e em sua capacidade de tomar boas decisões sem pestanejar.

Para ensinar Julie a administrar conflitos, foi necessária uma combinação mais vigorosa entre *coaching* e experiência prática. Num caso, uma atendente achava que um colega não estava cumprindo suas funções. Ressentida, a atendente se recusava a assumir o trabalho extra nos dias em que o colega faltava, o que aumentava a carga de trabalho para o resto da equipe. No passado, Julie não teria tentado interferir, limitando-se a torcer para que as partes em desacordo solucionassem o problema por si. Só que durante o *coaching* ela percebeu que tais brigas internas trariam sério prejuízo à produtividade do seu departamento. Ela aprendeu a amenizar os conflitos ouvindo os dois lados e, depois, pedindo aos adversários que se concentrassem em suas tarefas, e não um no outro. O treinamento também exigiu que ela se reunisse com cada membro da equipe para conversar sobre objetivos de carreira e progressos — abordando inclusive o delicado assunto melhoria do desempenho, um grande desafio para qualquer gerente avesso a riscos.

Um fator crítico para a transformação de Julie foi o enorme volume de incentivo. Durante todo o programa, seus *coaches*, colegas, chefes e mentores foram convocados a incentivá-la com um feedback constante. Quanto mais Julie ouvia os outros dizerem que havia tomado uma boa decisão ou lidado bem com um conflito, mais crescia sua autoconfiança.

É bem provável que Julie nunca venha a ser uma pessoa extremamente autoconfiante. Aprendeu, porém, a tomar partido quando necessário e a agir apesar da baixa confiança em si mesma. Em resposta, a equipe melhorou em todos os quesitos de produção. A capacidade natural de Julie de unir as pessoas conquistou até mesmo os mais céticos e desmotivados da equipe e a qualidade do trabalho melhorou quando todos começaram a operar como uma equipe coesa. Apenas três meses depois da reunião que estabeleceu as expectativas, a equipe de Julie dobrou a produtividade, reduziu o absentismo e ganhou a nota máxima de qualidade daquela divisão da empresa.

O líder arrogante

Embora apenas 10% de nossos candidatos pertençam a essa categoria, são os que mais se destacam, devido à audácia. O líder arrogante é tão inseguro quanto o relutante, mas para compensar tal insegurança se convence de que já é um chefe sensacional. Como é um tipo ambicioso e faz propaganda de si mesmo, a empresa costuma promovê-lo sem pensar duas vezes. Só que um líder arrogante pode provocar o caos em sua equipe. Transformar-se num chefe competente exige de um indivíduo como esse um duro despertar para a realidade, algo que inclui um severo feedback, treinamento prático na chamada "escuta empática" e no trabalho em equipe e até ameaças de rebaixamento ou demissão.

Steve, por exemplo, era um líder extremamente competitivo. Competente do ponto de vista técnico, já tinha sido promovido a gerente da equipe de atendimento ao cliente por conta do sólido desempenho individual. Habilidoso no trato com clientes difíceis, Steve tivera a fé em sua própria capacidade reforçada pelas várias promoções que o tiraram do nível iniciante. Durante nossa primeira sessão de *coaching*, Steve demonstrou uma confiança exacerbada. Dizia-se apto a "qualquer cargo gerencial". Em sessões seguintes, falamos de arrogância e ambição e de como ambas podem tirar uma carreira dos eixos. Ele não notou a indireta. Antes, disse que nunca indicaria um subordinado arrogante para uma promoção. Ao sugerirmos que a atitude dele talvez fosse similar, ficou ofendido. Disse: "Pergunte a qualquer um da minha equipe. Eles adoram trabalhar comigo. Sabem que estou entediado neste cargo e que poderia fazer muito mais".

> ***O líder arrogante é ambicioso, faz propaganda de si mesmo e chega rápido ao topo. Mas carece da empatia e da humildade características de um líder eficaz.***

O confronto de Steve com essa ilusória auto-imagem começou pela sessão de feedback de 360 graus, na qual ele classificou a si mesmo como perfeito em todas as categorias. Já o feedback das outras pessoas foi, como esperado, o oposto. Levar notas baixas em quase todos os aspectos e ouvir que só pensava em si foram os primeiros de muitos choques.

Apegado à falsa imagem de sua própria perfeição, Steve progrediu de forma muito mais lenta do que outros participantes do programa. Tal como muitos líderes arrogantes, gastava um tempo enorme preparando o terreno para um próximo posto: marcava inúmeros almoços e reuniões com executivos de outras áreas da empresa, em prejuízo do posto atual. Steve justificava sua falta de interação com a equipe dizendo que confiava em sua gente. Mas, quando o desempenho do grupo começou a sofrer, Steve chegou a pedir a um subordinado direto que exagerasse os resultados de produtividade da equipe.

Esse lapso de ética e a humilhação que se seguiu acabaram sendo uma grande oportunidade, proporcionando a virada necessária para que Steve corrigisse seu comportamento. Uma advertência escrita foi colocada no seu dossiê. Foi avisado que, se seu desempenho não melhorasse ou se tivesse mais algum lapso de discernimento, correria o risco de ser demitido. Durante a dura sessão de treinamento que se seguiu, dissemos a Steve que o seu próprio comportamento, e não o da equipe, o levara àquela situação e que ele tinha de assumir a responsabilidade por tudo aquilo. A armadura do auto-engano de Steve finalmente começou a rachar. Pela primeira vez, ele reconheceu seu medo de que as pessoas descobrissem a verdade a seu respeito — que ele era inseguro e não fazia idéia de como melhorar o desempenho da equipe. O chefe dele também participou da desconstrução de uma antiga noção de Steve — a de que ser um líder se resumia a cuidar das aparências. O chefe disse a Steve: "Você tem talento, mas não engana ninguém. Se o seu comportamento não melhorar, nunca vou recomendar você para nenhuma promoção, e você pode até ser demitido".

O próximo passo na metamorfose de Steve foi obrigá-lo a colocar-se no lugar dos colegas. Um aspecto de seu plano de desenvolvimento se concentrou em fazê-lo trocar de lugar com os subordinados diretos. Estes deveriam ensiná-lo a administrar o fluxo de trabalho e a cuidar de outras responsabilidades e outros problemas que tinham. Quanto mais Steve se mostrasse capaz de aprender com os outros, mais sucesso teria. Foi um obstáculo tremendo, pois a equipe deixara de confiar nele por seus atos passados. No início, o pessoal relutava em partilhar com ele idéias, queixas ou o que fosse.

À medida que testemunhavam o sincero esforço de Steve para mudar, ouviam as perguntas ponderadas do chefe e viam que este escutava atentamente as respostas que recebia, começaram a perdoá-lo. Uma honestidade com laivos de autocrítica veio substituir a falsa autoconfiança de Steve. Como finalmente entendia que seu sucesso dependia do sucesso da equipe, já podia rir de si mesmo. Ao concluir o programa, continuou a se empenhar para mudar os hábitos arrogantes. Embora não seja perfeito, Steve é hoje um de nossos melhores mentores, em parte porque sabe o valor de uma dura lição dada com amor.

O líder desconhecido

Cerca de 25% dos participantes do nosso programa são "líderes desconhecidos". É gente ambiciosa e altamente competente, porém precavida. Formam relacionamentos de maneira mais lenta e cautelosa do que os demais. Muitas vezes introvertidos, raramente iniciam uma conversa e têm uma rede de contatos pessoais limitada. Não costumam ser procurados quando se precisa de liderança e sua "marca" é pouco reconhecida dentro da organização.

Transformar um líder desconhecido num chefe eficiente requer, mais uma vez, o feedback de 360 graus. Seguido, no caso, de uma cuidadosa desconstrução de sua convicção básica de que fazer contatos equivale a adulação e perda de tempo. Também ajuda a obrigar o líder desconhecido a conhecer novas pessoas. Só que, tal como ocorre com os líderes relutantes, isso requer muito apoio e monitoramento. Constatamos, ainda, que a experiência prática de chefia num ambiente estranho pode contribuir para que o líder desconhecido saia da sua concha.

John, um analista de comissões, era a personificação do líder desconhecido. Embora excelente na análise financeira, no atendimento ao cliente e na resolução de problemas, não gostava de jogar conversa fora. Pensava apenas em atingir seus próprios objetivos. Graças ao ritmo acelerado, parecia ocupado demais para esclarecer dúvidas. Raramente sorria e andava pelos corredores de cabeça baixa. Por tal atitude, dava a impressão de ser uma pessoa arredia ou alienada. Ignorado várias vezes em promoções, começava a ficar ressentido.

> ***O líder desconhecido tem a combinação certa de confiança e capacidade de liderança, mas não cultiva relacionamentos fora do pequeno círculo de colegas chegados.***

O chefe notou a insatisfação de John e sugeriu que ele se inscrevesse no programa de desenvolvimento de liderança. A sessão inicial de feedback de 360 graus foi reveladora. John recebeu uma pontuação média e nenhum comentário de seus colegas, simplesmente porque ninguém o conhecia bem. Nas sessões subseqüentes de *coaching*, perguntamos a John como ele esperava galgar postos na hierarquia da empresa se ninguém sabia quem ele era. Em seguida, falamos sobre suas convicções fundamentais. Para John, o trabalho de qualidade falava por si. Fazer contatos era falso, algo que gente de menor talento precisava fazer para ser notada. Na sua opinião, só valia a pena ter um relacionamento se a outra pessoa tivesse muita coisa em comum com ele e fosse capaz de manter uma discussão profunda. Sugerimos a ele que a idéia de que o trabalho árduo basta para merecer uma promoção é obsoleta. Para progredir, ele precisava enxergar a si mesmo como um produto em busca de uma "marca". Tal como produtos no mercado, dissemos, as pessoas são associadas a certas características: Joe é brilhante com os clientes; Jane é criativa e inovadora; Bill é um ás dos números.

John manteve um certo ceticismo ao ser comparado com um produto desconhecido, mas percebeu aonde queríamos chegar. Reagiu bem às nossas perguntas, diretas: "O que você tem feito para promover sua carreira? É algo que está dando certo? Por que não? O que mais você poderia fazer?". Ao compreender que não seria promovido se não começasse a fazer contatos, decidiu tentar uma mudança. Mas era difícil mudar. John não podia simplesmente apertar um botão e virar uma pessoa sociável. Em primeiro lugar, precisava ficar mais à vontade ao encontrar pessoas novas e conversar com elas. Para tanto, exigimos que fizesse aquilo que Steve achava óbvio fazer: convidar regularmente executivos de maior escalão para almoçar. Também solicitamos a John que entrevistasse seus possíveis mentores.

O preparo de John para tais entrevistas incluía muni-lo de uma lista de perguntas: "Fale sobre o seu negócio". "Como foi sua trajetória profissional?" "O que você procura quando contrata um executivo?". E assim por diante. Enviamos as mesmas perguntas aos entrevistados. John ficou surpreso ao descobrir que era capaz de manter uma conversa séria e interessante com alguém totalmente desconhecido. Tal como Julie, descobriu que não precisava mudar por completo seu estilo. Percebeu que sua capacidade natural de raciocínio analítico e sua tendência a aprofundar a conversa impressionavam os outros. E, tal como Julie, precisava de incentivo constante, de modo que passávamos a ele todos os comentários positivos dos entrevistados a seu respeito. À medida que se familiarizava com os encontros, John começou a esperá-los com prazer. Com o tempo, tornou-se uma pessoa mais acessível e, em resultado, suas relações com os colegas se aprofundaram. John passou a ver que fazer contatos significava construir relacionamentos autênticos.

Outra maneira de fazer um líder desconhecido sair do casulo é dar-lhe tarefas novas num ambiente novo. Isso o obriga a entrar em contato íntimo com outras pessoas, fora da sua esfera de especialização técnica. Foi esse o caso de John. Ele conhecia pouco sobre a divisão de seguros de vida, onde foi colocado para substituir um chefe que estava de licença médica. Como era de esperar, ficou apreensivo. Mesmo assim, aproveitou a oportunidade para construir a sua "marca", atuando como *coach* dos demais, chefiando reuniões, supervisionando projetos e tratando de problemas. Logo no início do novo papel, John ajudou a equipe a lidar com uma difícil queixa de um cliente, o que motivou os colegas a elogiar sua contribuição e sua atitude positiva. Por fim, criou-se uma opinião geral positiva em torno de John, que hoje é considerado um excelente candidato para futuros cargos de gerência.

O workaholic

O maior número de executivos do nosso programa — nada menos que 45% — é de longe o de workaholics. Muitos têm uma personalidade movida à ansiedade e propensa à dependência, priorizando o trabalho acima de tudo: da família, do crescimento espiritual, de esportes, hobbies, amor ou amizade. É claro que o vício do trabalho tem vários graus de seriedade: há gente que ama o trabalho e passa longas horas no escritório sem sofrer conseqüências negativas. Mas o workaholic agudo é como um hamster numa roda que gira sem parar, suando sem trégua para encerrar tarefas diárias intermináveis. Em geral, são extrovertidos, muito ligados em atividade e em ação e muito mais propensos a sofrer de exaustão, estresse e problemas físicos correlatos: fadiga crônica, doenças do coração, pressão alta etc. Infelizmente, a maioria das empresas continua a recompensar tal comportamento.

Em pesquisas informais, já confirmamos que os subordinados reagem de forma muito mais favorável a gerentes mais equilibrados, com interesses alheios ao trabalho. Têm mais disposição em suar a camisa por tais gerentes porque sabem que, quando a equipe estiver próxima de suas metas, a vida pessoal de cada um também será respeitada. Logo, nosso desafio em relação a workaholics é demonstrar que seu modus operandi — trabalhar mais, e não trabalhar melhor — é um jogo de soma zero. Em vez de recompensar o vício do trabalho, devemos procurar puni-lo.

Mark, por exemplo, era um workaholic clássico. No primeiro emprego ao sair da faculdade, trabalhava 100 horas por semana. Foi recompensado pela empresa com uma série de aumentos e promoções. Quando essa empresa foi comprada pela Nationwide e ele entrou no programa de desenvolvimento de liderança, já atuava como gerente de projetos de sistemas por sete anos. Tinha um histórico de resultados positivos. Mas nunca trabalhara menos de 90 horas por semana.

> ***O workaholic é premiado por colocar o trabalho acima de tudo. Infelizmente, muitas vezes não tem a perspectiva e a personalidade para inspirar os demais.***

Em nossa primeira sessão de *coaching*, Mark demonstrou frustração com certas faturas incorretas emitidas seis semanas antes. Queixou-se de que os colegas não levavam o trabalho a sério. Tinha perdido o contato com os amigos. Tinha engordado muito e atribuía isso à falta de tempo para exercitar-se. Sua vida se resumia às faturas de seis semanas atrás. No fundo, Mark não confiava em ninguém. Se compensar a suposta falta de responsabilidade alheia era um requisito para avançar na carreira, tudo bem. O trabalho era sua vida.

Uma vez que workaholics tendem a ater-se a medidas objetivas, o feedback de 360 graus não costuma ser uma boa ferramenta para treinar esse tipo de líder. Enquanto participantes como Julie, Steve e John enxergaram áreas nas quais precisavam melhorar, no caso de Mark o feedback apenas reforçou sua convicção de que, com base em qualquer medida objetiva, se saía bem — ignorando os sacrifícios espirituais, emocionais e físicos que fizera para virar aquilo que infelizmente virara. Tentamos, por isso, outro modelo de avaliação: o modelo circular do "líder saudável". Tal proposta, do consultor de desenvolvimento profissional Lewis R. Timberlake, descreve o gerente ideal como alguém que se destaca em habilidades físicas, emocionais, espirituais, profissionais, familiares e sociais. Holístico, o modelo se mostrou muito mais eficaz. Ao perceber que fora reprovado em quatro de seis categorias, Mark teve uma sensação parecida com a do Sr. Scrooge do clássico de Charles Dickens: no seu enterro, o que os outros dirão de você?

Nas semanas seguintes, Mark refletiu sobre a perda de amigos, felicidade, perspectivas e saúde. Com a ajuda do chefe, criou um plano de desenvolvimento que exigia de si o equilíbrio, semana a semana, entre a vida pessoal e as exigências do trabalho. Deveria, especificamente, sair do trabalho antes das sete da noite todos os dias. No início, incapaz de cumprir tal meta, Mark foi avisado pelo chefe de que trabalhar até tarde poderia lhe custar futuras promoções. Absurda para Mark, a ameaça o forçou a perguntar a si mesmo: "Vale a pena arriscar meu emprego por trabalhar tanto?"

Inicialmente, Mark tentou delegar certas tarefas aos demais. Desacostumados com a carga extra, os colegas entregavam o trabalho incompleto, feito às pressas, convencendo Mark de que a razão sempre fora dele. Mas, em vez de fazer tudo sozinho, Mark decidiu conversar com a equipe sobre seu problema e sua tentativa de "viver a vida". Um membro do grupo respondeu: "Ainda bem. Você é novo demais para estar tão velho e rabugento".

Todos fizeram sua parte para ajudar Mark a voltar a viver. Antes das sete o expulsavam do escritório. Fizeram com que procurasse antigos colegas de faculdade para jogar golfe. Durante as partidas, a curiosidade, a criatividade e o senso de humor de Mark renasceram. No trabalho, começou a brincar e a falar de futebol com os colegas. Também passou a levar a equipe para almoçar de vez em quando. Abria-se mais e demonstrava um genuíno interesse nos demais. Em breve, notou que conseguia estabelecer prioridades para si e para membros da equipe, que reagiam com suas próprias idéias e redobrada energia. Não tardou para que o Mark jogador de golfe e fã de futebol se tornasse o Mark gerente sênior equilibrado.

• • •

Ao trabalhar com os quatro tipos de gerentes, aprendemos algo sobre a eficácia dos vários métodos de desenvolvimento que aplicamos. A nosso ver, se não tivéssemos desenvolvido uma abordagem personalizada, estaríamos fadando nossos gerentes ao fracasso. Enquanto determinado tipo de pessoa reage bem a uma forma de "tratamento", com outra pessoa o mesmo tiro sai pela culatra. Líderes relutantes e desconhecidos exigem doses extras de apoio e incentivo, ao passo que a ameaça de severas conseqüências é o que mais funciona com líderes arrogantes e workaholics.

Hoje, estamos expandindo nosso programa de formação de líderes para toda a empresa; nosso objetivo é trabalhar, a uma certa altura, com todos os gerentes da organização. Criamos um processo que produz líderes capazes de compreender como motivar os subordinados, em todos os níveis da empresa, a conquistar grandes feitos. A cultura da Nationwide promove cada vez mais lideranças de talento, em vez de deixá-las à mercê do duro jogo da sobrevivência.

Originalmente publicado em março de 2003.
Reimpressão R0303H-P.

Por que empreendedores não ganham escala

John Hamm

Atributos de enorme valia na hora de abrir um negócio muitas vezes derrubam o empreendedor quando a empresa cresce.

Não é novidade ver um fundador afundar. Aliás, infelizmente costuma ser a regra. Exceções extremas como Bill Gates, Steve Jobs e Michael Dell à parte, executivos que deslancham um negócio ou projeto próprios naufragam na maioria dos casos uma vez que tenham colocado seu empreendimento de pé.

Na verdade, como irão mostrar meus relatos, no processo de desenvolvimento do negócio empreendedores revelam incapacidade de passar a operar como executivos muito antes do que a maioria das pessoas supõe. Mas o motivo por trás da incapacidade de executivos de adquirir "escala" — isto é, adaptar sua capacidade de liderança às necessidades crescentes dos negócios — permanece nebuloso. Presume-se simplesmente que há uma personalidade empreendedora e uma personalidade executiva — e que ambas jamais se encontrarão. Não acho que seja verdade. Acredito que a maioria dos executivos pode aprender a ganhar escala se estiverem dispostos a recuar um passo e admitir para si mesmos que seus velhos métodos já não funcionam.

Nos últimos quatro anos, acompanhei de perto mais de cem empreendedores e observei a luta para se adaptarem à medida que suas empresas deixavam de ter apenas um punhado de funcionários e lançavam um novo produto ou serviço. Nesse processo, percebi que hábitos e habilidades que garantem o sucesso de um empreendedor podem minar sua capacidade de liderar organizações maiores. O problema, em outras palavras, não é tanto de personalidade de liderança, mas de abordagem. Um líder que ganha escala consegue abandonar hábitos e habilidades que já não tenham serventia e se adaptar a novos desafios que surjam no caminho.

Identifiquei quatro tendências que são úteis para líderes de divisões de negócios ou de pequenas companhias mas que se tornam o calcanhar-de-aquiles para os mesmos indivíduos caso tenham de administrar organizações maiores com necessidades, departamentos, prioridades e círculos de relação pessoal diversos.

A primeira tendência é a lealdade aos companheiros — o pequeno grupo de colegas que está na empresa desde o início. Como empreendedor, é preciso liderar como se estivesse no comando de uma divisão de combate em pleno território inimigo, com um por todos e todos por um. Mas a lealdade cega pode ser uma desvantagem na gestão de uma organização grande e complexa. Segunda tendência: a concentração em tarefas — ou a ênfase no trabalho à mão — é crítica, por exemplo, numa investida para um grande lançamento de produtos. Só que a atenção excessiva a detalhes pode fazer uma grande organização perder o rumo. A terceira tendência, a idéia fixa, é um atributo importante num visionário que pretende lançar ao mundo um produto ou serviço revolucionários. Contudo, essa qualidade pode levar a uma visão tubular caso o líder deixe de se expandir à medida que a companhia cresce. E a quarta tendência, o trabalho solitário, é boa para o cientista brilhante concentrado numa idéia genial. É, porém, um desastre para o líder cuja organização em expansão depende da boa vontade de clientes, investidores, analistas, repórteres e outros desconhecidos.

O líder que ganha escala supera tais tendências com a autodisciplina, com a busca de opiniões alheias e a atenção ao que dizem os outros e com a disposição para mudar suas próprias perspectivas. Tal líder enfrenta honestamente os problemas e descarta rapidamente quem não atinge resultados. Percebe lapsos do passado e estabelece prioridades estratégicas. Toma iniciativas pensadas, às vezes incômodas, para fazer algo que fuja à sua natureza pelo bem da equipe. E aprende a trabalhar e a se comunicar com funcionários e clientes diversos e com o público externo. Mais importante ainda, faz da saúde e da prosperidade contínuas da empresa sua preocupação maior.

As histórias a seguir tratam de presidentes de empresas novatas da indústria tecnológica. São colagens de indivíduos com quem trabalhei como investidor, membro de conselho ou treinador de executivos (todos os nomes de presidentes no artigo são pseudônimos). Novatas da tecnologia são bons casos a estudar porque a ausência de burocracia, o tempo reduzido de desenvolvimento de produtos, os intensos relacionamentos e a vulnerabilidade às vicissitudes dos resultados financeiros nelas observados colocam em destaque os desafios da liderança. Delas emergem lições válidas não só para empreendedores cujas empresas venham crescendo mas também para líderes de projetos ou departamentos que assumam maiores responsabilidades em organizações de todo porte. Como veremos, a capacidade de liderar com eficácia um projeto, departamento ou organização além do estágio inicial depende do grau de influência sobre o executivo das quatro tendências nocivas aqui delineadas.

O desafio da escala

Uma escola de administração não tem como ensinar seus alunos a lidar com gente de forma objetiva, a pensar estrategicamente, a promover a lealdade de uma força de trabalho diversificada e a impressionar clientes e investidores. Tais capacidades derivam da experiência, talvez ainda ausente no novo líder. Não espanta que muitos empreendedores sejam incapazes de virar líderes auto-suficientes à medida que aumenta a complexidade da empresa.

Sem essas habilidades, a maioria dos novos líderes executivos recorre àquilo que já usou anteriormente — mesmo que as velhas abordagens em geral não se encaixem no problema atual. Um gerente de produto que se tornou presidente pode acreditar que seu próximo produto dará lucro. Um empreendedor que fez fama em marketing pode responder a um aumento na competição do mercado com uma nova campanha publicitária. Diante da receita em queda, um contador que abriu sua própria empresa pode buscar a redução de custos.

Com maior freqüência, os líderes em formação que tenho observado caem em certas das armadilhas expostas abaixo — e qualquer uma pode ser fatal para sua carreira e até para a empresa que lidera. Tais empreendedores não têm consciência de que, ao se fiar em hábitos e em pontos fortes existentes, correm o risco de criar empresas disfuncionais. Examinemos as quatro tendências que podem impedir um executivo de ganhar escala.

Lealdade aos companheiros. Um presidente excessivamente leal talvez seja o melhor amigo que alguém poderia ter, mas é o pior inimigo de uma organização em crescimento. É uma falha bastante compreensível. Afinal, a lealdade ao time contribui significativamente para o sucesso de uma empresa. Mas, quando um líder é incapaz de ver e reagir às fraquezas de um membro do time, coloca a empresa em risco.

Consideremos Jason, fundador de uma empresa especializada em tecnologia sem fio. Jason foi entusiástico e incansável no recrutamento das 20 pessoas que formavam a equipe da novata. Fiel companheiro da leva de engenheiros talentosos com quem fizera amizade na pós-graduação e mantivera contato ao longo dos anos, Jason conseguiu montar a partir da rede de talentos formada pelos velhos colegas uma equipe altamente capacitada. Entre os amigos de Jason estava Mark, um profissional da engenharia com o qual nunca havia trabalhado. Tinha certeza, porém, de que seria uma brilhante aquisição, pois Mark fora gerente de desenvolvimento técnico de uma grande empresa de software empresarial. Jason cortejou Mark sem parar, com a promessa de uma oportunidade de influenciar a estratégia da nova empresa e ganhar muito dinheiro se o projeto desse certo. Quando Mark decidiu aceitar a oferta, Jason vibrou.

No começo, Mark parecia se encaixar perfeitamente. Estava entusiasmado pela tecnologia e todos adoravam trabalhar para ele. Mas a empresa se preparava para lançar o primeiro produto e seu time não estava à altura do desafio de engenharia. Habituado a maiores prazos de desenvolvimento e equipes, Mark foi incapaz de acompanhar as exigências do trabalho e seu time não conseguiu cumprir uma meta decisiva do produto.

Quando um membro do conselho tocou pela primeira vez na questão do desempenho de Mark, Jason respondeu com promessas vagas: "Estamos quase finalizando o código". "Só falta uma nova bateria de teste". Pressionado, Jason inventava desculpas. Frisava que Mark vinha dando duro, que a tecnologia era complexa e a concorrência acirrada. Jason se recusou a demitir o amigo mesmo quando a concorrência chegou antes ao mercado com um produto sem fio que rapidamente virou o padrão do setor. A receita sofreu uma queda abrupta. Depois, vieram as demissões. No final, os investidores fecharam a empresa.

Essa lealdade obstinada, à custa do sucesso da organização, é surpreendentemente comum. Mas um líder que adquire escala, embora continue a ter simpatia pelos outros, entende que o sucesso da organização depende da capacidade de cada membro da equipe. Tal líder entende que seu compromisso maior deve ser com a comunidade de funcionários, clientes e investidores como um todo e com os fundamentos do negócio — e não com um único amigo.

Um bom exemplo de líder que não deixou a lealdade interferir na boa condução dos negócios é Sandy, a presidente de uma pequena — mas em crescimento — prestadora de serviços de banda larga em DSL. A exemplo de Jason, Sandy era uma amiga fiel daqueles que conhecera desde o início de sua carreira. Para tocar o departamento de vendas técnicas da novata, buscou um extrovertido amigo de faculdade, o afável Mike. Depois de seis meses da contratação, Sandy começou a suspeitar que Mike precisava ser mais agressivo. Embora tivesse respondido a certas propostas, muitas vezes ele não dava continuidade ao contato. Quando um cliente promissor preteriu a companhia de Sandy em favor de uma concorrente cujo produto era inferior, Sandy começou a fazer perguntas. Primeiro, buscou a opinião de Anne, uma das gerentes de vendas de Mike, sobre o desempenho dele. Visivelmente chateada, Anne reclamou que era obrigada a cobrir as falhas de Mike; já sentia o peso de trabalhar 80 horas por semana e não sabia até quando conseguiria manter tal ritmo. Em seguida, Sandy procurou o diretor financeiro, que não tinha notícias melhores sobre o desempenho de Mike. Se Mike não fosse capaz de fechar um acordo com um importante cliente em potencial, disse o executivo, a companhia perderia uma grande oportunidade de gerar a receita necessária à cobertura das despesas.

> ***Executivos inexperientes não têm consciência de que ao se fiar nos hábitos e nos pontos fortes existentes correm o risco de criar empresas disfuncionais.***

Embora convencida de que Mike teria de partir, Sandy não usou de frieza. Com empatia e respeito, deixou claro que a parceria entre eles não estava funcionando. Reconheceu que Mike deixara um belo emprego para ingressar em sua empresa novata, que agora flertava com o fracasso. Depois de expor em detalhes a situação potencialmente desastrosa da empresa, disse que não tinha escolha a não ser demiti-lo. Explicou que a decisão não era pessoal e manifestou o desejo de que continuassem amigos. Quando Mike saiu, Sandy ocupou interinamente a chefia do departamento de vendas técnicas até que achasse um substituto. A empresa sobreviveu.

Concentração em tarefas. Executivos que dão ênfase ao trabalho à mão — sobretudo aqueles que se deram bem em operações, desenvolvimento de produto ou finanças — são os trabalhadores braçais do mundo dos negócios. Executam com maestria exigentes tarefas de curto prazo, embora estratégias de longo prazo muitas vezes estejam além de suas forças. Com o crescimento da empresa, muitas vezes deixam de estabelecer prioridades estratégicas.

Marvin, o presidente extremamente ambicioso de uma provedora de serviços da web, era esse tipo de executivo. Armado com um diploma avançado de ciência da computação, tocava a área de desenvolvimento de produto de uma firma que tivera uma estréia de sucesso nas bolsas durante a era das pontocom. Com o dinheiro obtido do exercício de suas opções de ações, foi atrás do sonho de fundar a própria empresa.

No princípio, o estilo priorizador de tarefas jogou a favor de Marvin. Ele contratou um núcleo espetacular de engenheiros e colocou tal time para trabalhar numa tarefa vital: desenvolver o protótipo de um produto claramente diferenciado. A intensa ênfase de Marvin na iniciativa impressionou os investidores de risco, que o recompensaram com uma generosa rodada inicial de financiamento.

Com o lançamento do produto e a expansão da folha para 95 pessoas, a lista de afazeres de Marvin cresceu. Sua longa lista de itens "cruciais" incluía fechar um negócio com a Dell, contratar um vice-presidente de vendas, colocar um presidente renomado no conselho administrativo, estabelecer uma estratégia para o futuro desenvolvimento da tecnologia, mudar para uma nova sede e lançar uma intensa campanha de relações públicas e publicidade. Marvin delegou todas as tarefas a gerentes de departamentos e passou a conduzir tal rebanho. Duas vezes por semana, pedia aos gerentes um relato sobre a situação dos projetos. Os funcionários progrediam, mas Marvin abominava o vácuo: assim que concluíam uma tarefa, ele enchia novamente suas listas. No começo, o grupo gostou de estar tão ocupado. Depois de seis meses, porém, as pessoas passaram a se sentir sobrecarregadas. À sua frustração, veio somar-se o fato de que todas as decisões finais tinham que passar por Marvin, que se recusava a fazer concessões. Para ele, todas as tarefas exigiam dedicação idêntica. Os processos ficaram lentos e o plano de marketing foi por água abaixo.

Ninguém ficou mais chateado e surpreso do que Marvin quando uma concorrente chegou antes ao mercado com um produto novo e fechou um negócio de peso com a Dell. E a ninguém cabia maior culpa. Ao confundir tarefas com metas, Marvin perdera o controle da direção da empresa. A organização seguiu cambaleando como uma concorrente de terceira categoria até que uma rival a adquiriu por uma pechincha.

Líderes capazes de ganhar escala, em contraste, sabem a importância de uma estratégia enxuta. Aprendem a extrair três ou quatro grandes metas de uma longa lista e a focar a ação de seus times para atendê-las. Diante de uma nova ameaça ou oportunidade, isentam as pessoas de promessas feitas num outro momento do processo de desenvolvimento, permitindo que possam retardar ou cancelar metas com as quais haviam se comprometido quando elas faziam sentido.

Fundador de uma pequena empresa de gestão de conteúdo, Harry entendia que uma estratégia simples e bem desenvolvida é o pilar vital de qualquer negócio. Sabia que sua companhia precisava se concentrar primeiro em bater as rivais e, portanto, fez aos funcionários um apelo para que focassem três atividades favoráveis à meta: consolidar linhas de produto, conquistar negócios de uma rival particularmente ferrenha e enfatizar vendas a empresas com pelo menos mil usuários. Esse era o mantra de Harry, por ele repetido sempre que tinha oportunidade, todos os dias, para todos.

Isso não significa que a empresa de Harry tenha abandonado todas as demais tarefas importantes. Antes, Harry permitiu que fossem deixadas de lado para que o pessoal se concentrasse na meta principal de bater a concorrência. Quando ficou claro, por exemplo, que o departamento de vendas vinha buscando clientes de portes diversos — vários pequenos, alguns médios e três grandes —, Harry disse ao pessoal de vendas que esquecesse os clientes pequenos.

Harry sabia, porém, que sua estratégia poderia estar errada. Afinal, não tinha uma bola de cristal para dizer que a direção escolhida era a certa. Logo, valeu-se de um princípio usado por líderes que ganham escala: a auditoria trimestral de estratégia. A cada três meses, Harry reunia a alta gerência da empresa, seus diretores, consultores e colegas de negócios para

Teste da capacidade de ganhar escala

Se você está pensando em transformar um empreendedor num presidente de uma grande empresa, preste atenção antes de dar o salto. Um candidato pode ser formidável no papel ou numa entrevista, mas decepcionar na prática. As questões a seguir podem ajudar a revelar o que as aparências ocultam.

Pergunta:	**Para determinar:**	**Para testar:**
1. Você já demitiu alguém? Descreva o que aconteceu.	Com que rapidez o candidato lida com quem não gera resultados?	lealdade
2. Escolha três prioridades de uma lista de dez.	O candidato pensa estrategicamente?	concentração em tarefas
3. Descreva uma situação na qual você estava errado e como lidou com isso.	O candidato aprende com experiências que abalam o ego?	idéia fixa
4. A seu ver, qual deve ser sua atuação externa nessa posição?	O candidato está interessado em evangelizar?	trabalho solitário
5. Descreva a casa dos seus sonhos.	O candidato tem capacidade visionária?	concentração em tarefas
6. Qual foi o momento mais assustador de sua vida profissional?	O candidato é corajoso?	idéia fixa
7. Se tivesse de demitir o vice-presidente de marketing ou o de engenharia, qual deles seria o primeiro?	O candidato protege pessoas que pensam como ele?	lealdade
8. O que você faria se o seu melhor vendedor estivesse desatento e as vendas caíssem em função disso?	O candidato consegue separar questões de desempenho de desculpas?	lealdade
9. Do que você gostava e do que não gostava no último trabalho?	O candidato joga a culpa nos outros? Sai enriquecido da experiência?	idéia fixa, lealdade
10. Se pudesse voltar à escola e estudar algo novo, o que seria?	O candidato tem curiosidade de aprender?	idéia fixa

rever a estratégia corrente. Durante as quatro horas da reunião, o grupo se obrigava a extrair, de uma lista de dez, três iniciativas-chave a serem concretizadas nos 90 dias seguintes. A parte mais difícil do processo era dizer adeus às sete iniciativas restantes da lista. Apesar disso, o grupo saía da reunião com um plano simples, embora bem pensado, que qualquer um poderia facilmente entender e seguir e que poderia ser alterado no trimestre seguinte, se necessário. Como um executivo declarou: "Podemos estar errados, mas não estamos confusos".

> ***Um dirigente que ganha escala dá passos deliberados para confrontar suas deficiências e virar o líder que sua organização precisa que seja.***

Harry conseguiu ganhar escala porque aprendeu a se concentrar no que era crucial e, com isso, a equilibrar forças antagônicas de maneira a estabelecer metas claras para seus funcionários. Sob vários aspectos, Harry se espelhou nas abordagens de fundadores-líderes que ganharam escala, como Dell e Gates, executivos dispostos a interromper atividades marginais e canalizar todos os esforços num punhado de realizações fundamentais.

Idéia fixa. Todos nós admiramos gente disciplinada e, em novatas, o foco preciso na qualidade e na diferenciação de um novo produto ou serviço é um ativo importante. Mas a devoção de um líder a uma única questão pode também prejudicar uma organização em crescimento. Um líder isolado que não se comunica e não ouve funcionários com diferentes opiniões pode acabar perdendo apoio.

Sanjit, o fundador de uma empresa especializada em sistemas de fibra ótica, era um especialista sério, profundamente envolvido com os aspectos teóricos do nicho setorial da organização. Durante a fase inicial da empresa, a obsessão de Sanjit foi inestimável: investidores ficavam impressionados com seu domínio da tecnologia e sua fé na mesma. Tal paixão também agradava o grupo de dez tecnólogos por ele contratados para montar os produtos revolucionários da empresa. Uma vez que partilhavam da sua visão, Sanjit não tinha de gastar muito tempo motivando as tropas ou discutindo a estratégia da empresa. Os membros do seu time tinham certeza de que, quando o produto chegasse ao mercado, faria um sucesso estrondoso. Seu entusiasmo e sua energia eram palpáveis.

Mas, enquanto a empresa contratava profissionais mais diversificados para vendas e operações, Sanjit continuava dedicado só à tecnologia. Realmente, não tinha interesse nenhum em algo além de fibras óticas. Repudiava, ignorava ou criticava abertamente o pessoal de marketing, vendedores e administradores que não soubessem apreciar os detalhes mínimos da tecnologia da companhia. Acabou com funcionários infelizes, vários dos quais nunca chegavam um minuto antes das nove e saíam às cinco em ponto. Era gente que fazia fofoca no trabalho e comprava briga com outros departamentos. O pessoal de marketing culpava os redatores técnicos por não fornecerem tabelas com dados de produtos. Já os redatores culpavam os engenheiros por estes não fornecerem as especificações. Os engenheiros culpavam os gerentes de produtos pela falta de empenho com parceiros externos. Enquanto isso, a companhia deixava de atrair colaboradores talentosos ou de manter os que já tinha. Assim como a prestadora de serviços de web de Marvin, a organização de Sanjit claudicou até ser adquirida por uma ninharia.

Sanjit sacrificou a lealdade da equipe em função de sua própria idéia fixa. Em contraste, executivos que ganham escala aprendem a ouvir os outros e a levar suas opiniões em consideração. Crescem com as empreasas porque entendem que sua paixão não é a única coisa que importa e deliberadamente ampliam sua perspectiva para incluir toda uma série de interesses.

Todd era um presidente que conseguia ver além da sua área de interesse. Era um engenheiro cuja empresa novata desenvolvia e comercializava aplicativos de software para aparelhos sem fio. Como Sanjit, era fascinado pela tecnologia e acreditava veementemente que seu conceito de software, além de inovador, tinha potencial para mudar o mundo. Em resposta a tal entusiasmo, recebeu cheques polpudos de investidores.

No entanto, à medida que a empresa crescia, Todd notou que não poderia viver só da excelência tecnológica. Ao contrário de Sanjit, passou a dar mais atenção a questões que não giravam em torno da tecnologia. Pediu ao gerente de relações públicas, por exemplo, que lhe explicasse como pensava e trabalhava um repórter. Incentivou os vendedores a descrever suas interações com os clientes. Toda sexta-feira, Todd tinha uma reunião aberta a todos para indicar o progresso em relação às metas e validar publicamente o bom trabalho dos colaboradores, incluindo auxiliares de escritório e o pessoal do transporte. Ao trabalhar com os subordinados diretos, Todd ressaltava a importância de fazer com que membros da equipe se sentissem valorizados.

Ao buscar nos outros informações e opiniões, Todd passou a entender melhor suas agendas e inquietações. Uma vez que incentivava os colegas a se orgulharem de suas contribuições, recebia em troca o comprometimento renovado de todos. No final, sua empresa obteve uma espetacular segunda rodada de financiamento e firmou acordos importantes que a colocaram na liderança do setor.

Trabalho solitário. Uma idéia embrionária precisa de proteção; o desenvolvimento gestacional em si é de um sigilo estimulante. Mas, depois do nascimento do produto ou da idéia, o foco interno tem de mudar, para que não impeça a reação às demandas do mercado relativas ao produto acabado.

David, o fundador de uma fabricante de software focada em segurança de e-mail, era um talentoso programador que gostava de trabalhar com seu grupo de engenharia no desenvolvimento do primeiro produto. Introvertido por natureza, David se sentia bem no ambiente enclausurado da empresa novata, onde todos se dedicavam ao produto. A timidez de David não incomodava seus poucos funcionários. Nem ele sentia a necessidade de impressionar alguém fora da empresa. Como a organização era pequena, e David, seus amigos e parentes eram os únicos investidores, ele não precisava buscar nada fora.

Até que chegou a hora de lançar e comercializar o produto e David buscou toda sorte de desculpas para continuar isolado.

À medida que os prazos de produção se aproximavam, David estendia as datas de finalização do projeto. Resolveu "mexer só mais uma vez" no texto da embalagem. Cancelou reuniões com a agência de relações públicas que organizava encontros com a imprensa e com analistas. Quando um repórter telefonou para uma entrevista já agendada, David fez questão de estar em reunião. Exasperado, seu diretor de marketing finalmente se ofereceu para falar com a imprensa no lugar de David. Como resultado da recusa de David em se encontrar com jornalistas, o novo produto foi classificado como apenas mais um por uma importante revista. No final, o conselho substituiu David por alguém mais confortável no papel de evangelista.

Empreendedores introvertidos são muitas vezes brilhantes, mas líderes que duram sabem que o sucesso requer algum traquejo social e que é preciso apresentar a empresa para o mundo. Consideremos Simon, o presidente de uma pequena empresa de biotecnologia. Bioquímico por formação e introvertido por natureza, Simon passou a vida profissional em grandes laboratórios de pesquisa empresariais antes de ser escolhido para liderar uma empresa de biotecnologia desmembrada. Sua capacidade de interação com a equipe do laboratório ajudou a fazer decolar o carro-chefe da linha de produtos da novata.

Com um ano de casa, Simon percebeu que seus representantes de vendas vinham mirando as pessoas erradas das organizações da clientela. Estavam vendendo para gerentes de nível médio, não para os diretores ou vice-presidentes. As vendas cediam e o resultado era que a companhia estava ficando sem capital. Simon constatou que o melhor a fazer era começar a se reunir com novos investidores, clientes, analistas e a mídia, antes que fosse tarde demais.

Simon se obrigou a virar a face pública da empresa. Trabalhou com um estrategista de mídia para desenvolver um plano de ação. Contratou um treinador para ensiná-lo a parecer confiante e natural em entrevistas com a imprensa. Sem referências, ligou diretamente para clientes e grandes bancos de investimentos. Entrou em contato com vendedores de alto nível de empresas de capital aberto e convenceu dois deles a se juntarem ao seu time. Quando um grande cliente teve de escolher entre seu produto e o da concorrência, Simon interferiu e ajudou a fechar a venda.

Afundar ou voar?

É patente que enfrentar os problemas de lealdade aos colegas, da concentração em tarefas, da idéia fixa e do trabalho solitário durante os estágios formativos de uma empresa permitirá ao fundador progredir ao longo do tempo. Em raras ocasiões, uma pessoa faz jus ao desafio de adquirir escala sem um esforço especial. Em geral, aqueles que crescem chegam lá com a ajuda alheia — seja o feedback de um envolvido membro do conselho, um treinador, um mentor ou um facilitador. Mas empreendedores que se tornam líderes quase sempre ganham escala porque estão abertos ao aprendizado. Querem ser moldados pelas novas experiências e melhorar sua própria liderança. Na verdade, um líder que ganha escala o faz independentemente de formação, habilidade e talento. Antes, cresce porque dá passos deliberados para confrontar suas deficiências e virar o líder que sua organização precisa que seja. Em vez de afundar, aprende a voar.

Originalmente publicado em dezembro de 2002.
Reimpressão R0212J–P.

Pigmalião na gerência

J. Sterling Livingston

Como obter o melhor de seus funcionários?
Espere o melhor.

A maioria dos pais sabe que as expectativas que um professor tem sobre cada criança se tornam profecias auto-realizáveis. Se um professor acha que a criança é lenta, a criança passará a acreditar que o é de fato e vai aprender mais lentamente. A criança felizarda que aos olhos do professor parece genial perceberá tal expectativa e tentará fazer jus à mesma. É um fato tantas vezes confirmado, e em situações tão variadas, que nem é mais debatido.

Profecias auto-realizáveis são tão presentes no trabalho quanto nas salas de aula do ensino básico. Se um gerente estiver convencido de que os membros de sua equipe são os melhores, estes de fato superarão uma equipe cujo gerente acredite no inverso — ainda que o talento nato se apresente de forma similar nos dois grupos.

J. Sterling Livingston foi buscar no escultor da mitologia — cuja obra-prima, a estátua de uma mulher, ganha vida — a inspiração para o título deste artigo de 1969. É um título que homenageia ainda George Bernard Shaw, cuja peça *Pigmalião* explora a tese de que a forma como uma pessoa trata a outra pode provocar transformações para melhor ou para pior. Neste artigo, Livingston observa que criar expectativas positivas é extremamente difícil e oferece diretrizes para a gerência: dar especial atenção ao primeiro ano de cada funcionário, pois é nesse período que as expectativas são definidas, garantir que os novos contratados sejam subordinados a supervisores de destaque e manter expectativas altas para si mesma.

Em *Pigmalião*, peça de George Bernard Shaw, Eliza Doolittle explica: "Veja, a verdade é que, à parte aquilo que qualquer um pode perceber (a maneira de vestir, a forma correta de falar e por aí vai), a diferença entre uma dama da sociedade e uma florista não é como ela se comporta, mas como é tratada. Sempre serei uma florista para o professor Higgins porque ele sempre me trata como uma florista e sempre me tratará assim. Mas sei que sou uma dama para você porque você sempre me trata como uma dama e sempre me tratará assim".

Certos gerentes sempre tratam os subordinados de um jeito que produz um desempenho superior. Mas da forma como a maioria, como o professor Higgins, involuntariamente trata os subordinados, obtém-se um desempenho aquém da capacidade destes. O modo como um gerente trata os subalternos é sutilmente influenciado pelas expectativas que tem em relação a eles. Se as expectativas do gerente são altas, a produtividade provavelmente será excelente. Se são baixas, provavelmente será fraca. É como se houvesse uma lei que levasse o desempenho dos subordinados a subir ou cair para corresponder às expectativas dos gerentes.

A poderosa influência das expectativas de uma pessoa no comportamento de outra foi reconhecida há muito por médicos e cientistas comportamentais e, mais recentemente, por professores. Até agora, porém, a importância das expectativas da gerência para o desempenho de indivíduos e grupos não foi amplamente entendida. Já documentei o fenômeno em diversos estudos de caso preparados na década passada para grandes grupos industriais. Graças a tais casos e a outras evidências disponíveis baseadas na pesquisa científica, sabe-se hoje que:

- A expectativa do gerente em relação aos subordinados e o tratamento dispensado aos mesmos determinam em grande medida o desempenho e o progresso da carreira dos funcionários.
- Uma característica singular dos melhores gerentes é a capacidade de criar expectativas altas de desempenho às quais os subordinados correspondam.
- Gerentes menos eficientes não conseguem desenvolver expectativas similares e, como conseqüência, a produtividade de seus subordinados cai.
- Os subordinados, na maioria dos casos, parecem fazer aquilo que julgam ser esperado deles.

Impacto na produtividade

Um dos exemplos mais detalhados do efeito de expectativas da gerência sobre a produtividade está registrado em estudos do experimento organizacional conduzido em 1961 por Alfred Oberlander, gerente da filial distrital da seguradora Metropolitan Life Insurance, em Rockaway, New Jersey. Oberlander observara que as melhores agências de seguros cresciam mais rapidamente do que as agências medianas ou ruins e que os novos corretores de seguros se saíam melhor nas agências excepcionais do que nas médias ou ruins, independentemente de sua aptidão para as vendas. Decidiu, então, agrupar seus melhores corretores numa unidade para estimular seu desempenho e criar um ambiente desafiante para a estréia de novos profissionais.

Para tanto, Oberlander destacou seus seis melhores corretores para atuar com seu melhor gerente assistente, um número igual de pessoas com desempenho mediano para trabalhar com um gerente assistente mediano e o pessoal restante, de baixo desempenho, para trabalhar com o menos capaz dos gerentes. Pediu ao grupo superior que produzisse dois terços do volume de prêmios obtido pela agência inteira no ano anterior. Ele descreve os resultados nos seguintes termos:

"Logo depois de efetuada a seleção, as pessoas na corretora passaram a se referir ao grupo especial como um 'supertime', devido a seu alto espírito de equipe para operar de forma excelente enquanto unidade. Seus esforços de produção nas primeiras 12 semanas suplantaram de longe nossas expectativas mais otimistas (...), o que prova que grupos de pessoas de alta habilidade podem ser motivados a ir além de sua capacidade produtiva aparentemente normal quando os problemas criados pelos funcionários de baixa produtividade são eliminados da operação.

Graças a esse ótimo resultado, o desempenho geral da agência cresceu 40% e permaneceu neste patamar. No início de 1962, quando por motivo de crescimento formamos outra equipe para um outro gerente assistente, mais uma vez usamos o conceito, agrupando os corretores de acordo com sua capacidade produtiva.

Os gerentes assistentes foram destacados (...) de acordo com sua capacidade, tendo o mais capaz de todos recebido o melhor grupo, dessa forma equiparando forças. A produção geral de nossa corretora de novo melhorou em cerca de 25% a 30%, e por isso tal distribuição dos funcionários foi mantida até o fim do ano.

No ano de 1963 descobrimos, após análise, que havia tantos corretores (...) com potencial de meio milhão de dólares ou mais que entre aqueles tidos na agência como incapazes de alcançar tal marca restou apenas uma equipe."

Embora a produtividade do supertime tenha crescido acentuadamente, é preciso observar que a produtividade daqueles da unidade inferior — "tidos como incapazes de atingir a marca do meio milhão de dólares" — caiu ainda mais. Seu índice de evasão subiu. O desempenho dos ótimos corretores subira segundo as expectativas dos gerentes, enquanto o dos mais fracos declinara conforme o previsto.

Profecias auto-realizáveis. A equipe "mediana", no entanto, revelou-se uma anomalia. Embora o gerente distrital esperasse apenas um desempenho médio deste grupo, sua produtividade subiu consideravelmente. É que a gerente assistente encarregada do grupo se recusava a crer que fosse menos capaz do que o gerente do supertime ou que os corretores do grupo seleto tivessem maior capacidade do que os do grupo dela. Frisou, em discussões com seus corretores, que todo profissional do grupo mediano tinha potencial maior do que aqueles do supertime, embora sem tantos anos de experiência na venda de seguros. Ela estimulou seus corretores a aceitar o desafio de ultrapassar o supertime. Como resultado, todo ano o grupo mediano registrou uma alta de produtividade proporcionalmente maior do que a do supertime (embora não tivesse alcançado o volume, em dólares, do grupo líder).

É particularmente interessante que a auto-imagem da gerente da unidade mediana a impediu de aceitar ser tratada pelos outros como uma gerente mediana, assim como Eliza Doolittle, que por ter de si a imagem de uma dama da sociedade, não aceitou ser tratada pelos outros como uma florista. A gerente assistente transmitiu seus próprios sentimentos de eficiência a seus corretores, criando expectativas mútuas de alto desempenho e estimulando muito a produtividade. Registraram-se resultados comparáveis num experimento similar conduzido numa filial.

Veio reforçar essa teoria um estudo do desempenho inicial de 49 recém-egressos da faculdade em postos de nível gerencial numa subsidiária da AT&T. David E. Berlew e Douglas T. Hall, do Massachusetts Institute of Technology, examinaram o progresso da carreira desses gerentes ao longo de cinco anos e descobriram que seu sucesso relativo, medido por aumentos salariais e pela estimativa da empresa quanto ao desempenho e ao potencial de cada um, se baseou em grande medida nas expectativas da empresa.

A influência das expectativas de uma pessoa no comportamento de outras não é de jeito algum uma descoberta do mundo dos negócios. Mais de meio século atrás, Albert Moll concluiu, com base em sua experiência clínica, que as pessoas se comportavam conforme o que julgavam ser esperado delas. O fenômeno que Moll observou, no qual "a profecia provoca sua própria realização", recentemente se tornou objeto de considerável interesse científico. Por exemplo:

- Numa série de experimentos científicos, Robert Rosenthal, da Harvard University, demonstrou que "a expectativa do professor em relação à competência intelectual do aluno pode se constituir numa profecia educacional auto-realizável".
- Um experimento feito com 60 crianças em idade pré-escolar num programa preparatório de verão — o Headstart, nos Estados Unidos — comparou em termos de desempenho aquelas (a) cujos professores haviam sido induzidos a esperar um aprendizado relativamente lento dos alunos com aquelas (b) cujos professores haviam sido induzidos a crer que os alunos tinham habilidade intelectual e capacidade de aprendizado excelentes. Alunos do segundo grupo de professores aprenderam muito mais rapidamente.[1]

Além disso, profissionais da área médica há muito defendem que a expectativa de um médico ou psiquiatra pode ter enorme influência sobre a saúde física ou mental do paciente. O que ocorre nas mentes do paciente e do médico, particularmente quando suas expectativas convergem, pode determinar o resultado do tratamento. Por exemplo, tem sido observada com freqüência a devastação provocada pelo prognóstico pessimista de um médico. É fato que a eficácia de um novo remédio ou tratamento pode ser bastante influenciada pelas expectativas do médico — resultado denominado pelos profissionais da área como efeito placebo.

Padrão de fracasso. Quando profissionais de vendas são tratados por seus gerentes como super-humanos, caso do supertime da Metropolitan, em Rockaway, tentam corresponder a tal imagem e fazer o que julgam ser esperado de supervendedores. Mas quando os corretores de baixa produtividade são tratados por seus gerentes como *sem* chance alguma de sucesso, como ocorreu com o pessoal de baixa produtividade em Rockaway, esta expectativa negativa também se torna uma profecia gerencial auto-realizável. Um profissional de vendas malsucedido tem grande dificuldade de preservar a auto-imagem e a auto-estima. Em resposta às baixas expectativas da gerência, o comum é tentar prevenir maiores danos a seu ego evitando situações que possam ocasionar fracassos ainda maiores. Para isso, reduz o número de visitas de vendas, ou evita tentar fechar vendas quando há chance de que resultem em mais rejeições dolorosas, ou ambas as coisas. Baixas expectativas e um ego debilitado o levam a se comportar de uma forma que aumenta sua probabilidade de fracasso, realizando-se assim as profecias dos gerentes. Vejamos um exemplo:

Há não muito tempo, estudei a eficácia de gerentes de um banco da costa oeste dos EUA com mais de 500 agências. Gerentes cuja autonomia para concessão de empréstimos fora reduzida devido a taxas altas de perdas foram ficando progressivamente menos eficientes. Para prevenir a perda maior de autonomia, passaram a liberar apenas empréstimos "seguros". Tal atitude resultou na perda de negócios para bancos rivais e um declínio relativo tanto de depósitos quanto de lucros nas agências. Para reverter tal queda, muitas vezes "corriam atrás" de tomadores, tornando-se quase irracionais em sua aceitação de riscos questionáveis de crédito. Seus atos não eram tanto uma questão de fraco julgamento quanto uma expressão do desejo de correr riscos imensos, na esperança de conseguir evitar prejuízos maiores a seus egos e suas carreiras.

Assim, em resposta às baixas expectativas dos supervisores que haviam reduzido sua autoridade para concessão de empréstimos, comportaram-se de um modo que acabou gerando perdas ainda maiores na área. Passaram a fazer o que julgavam ser esperado deles, transformando as expectativas de seus supervisores em profecias auto-realizáveis.

O poder das expectativas

Para evitar o deprimente ciclo de eventos desencadeado por baixas expectativas, um gerente não pode simplesmente ocultar seus sentimentos dos subordinados. Se acreditar que os subordinados terão um desempenho fraco, é quase impossível para o gerente dissimular suas expectativas, já que a mensagem geralmente é passada involuntariamente, sem ação consciente de sua parte.

Aliás, um gerente costuma comunicar mais quando acha que está comunicando menos. Se não diz nada — torna-se frio e fechado —, é geralmente um sinal de que está insatisfeito com um subordinado ou acha que o indivíduo é incorrigível. Tal tratamento de silêncio transmite sentimentos negativos de forma por vezes mais eficaz do que uma boa bronca o faria. O que parece crítico na comunicação de expectativas não é tanto aquilo que o chefe diz, mas a forma como se comporta. Indiferença e falta de empenho, na maioria das vezes, são parte do tratamento que demonstra baixas expectativas e leva ao desempenho ruim.

Ilusões comuns. Os gerentes são mais eficientes em comunicar as baixas expectativas do que as altas aos seus subordinados, embora a maioria dos gerentes acredite exatamente no inverso. Para eles, costuma ser de uma dificuldade espantosa reconhecer a clareza com que transmitem sentimentos negativos. A Metropolitan dá outro exemplo:

- O gerente distrital de Rockaway negou que tivesse transmitido baixas expectativas aos corretores do pior grupo, aqueles que a seu ver não tinham chance alguma de alcançar uma alta produtividade. Mesmo assim, a mensagem foi recebida claramente por eles. Um caso típico foi o de uma corretora que pediu demissão. Quando o gerente lhe disse que sua saída da empresa o deixava triste, ouviu a resposta: "Não, não deixa. Você está feliz". Embora não tivesse verbalizado nada, o chefe havia comunicado suas baixas expectativas por meio do comportamento indiferente. Mais tarde, os corretores que foram agrupados na unidade de pior desempenho interpretaram tal rebaixamento como o equivalente à solicitação de que pedissem demissão.
- Um dos gerentes de agência da empresa estabeleceu unidades de desempenho superior, mediano e baixo mesmo convencido de que não dispunha de subordinados superiores ou de destaque. "Todos os meus gerentes assistentes e

corretores são medianos ou incompetentes", explicou ao gerente distrital de Rockaway. Embora tenha tentado reproduzir os resultados de Rockaway, o péssimo juízo que fazia de seus corretores chegou aos mesmos — e não tão sutilmente. Como resultado, o experimento fracassou.

Sentimentos positivos, por outro lado, freqüentemente não se expressam com tanta clareza. Outra gerente da seguradora copiou as mudanças organizacionais conduzidas na filial distrital de Rockaway, agrupando os corretores que tinha em maior estima com o melhor gerente, os corretores medianos com um gerente mediano e daí por diante. A mudança, no entanto, não resultou em melhorias. O gerente distrital de Rockaway resolveu investigar. Descobriu que o gerente assistente encarregado da unidade de alto desempenho não estava ciente de que sua superior o considerava o melhor. Na verdade, ele e os outros corretores duvidavam que a gerente realmente acreditasse haver qualquer diferença em suas habilidades. A gerente desta filial era impassível, fleumática e fria e tratava seus corretores de forma um tanto desdenhosa. Uma vez que as altas expectativas não haviam sido transmitidas, eles não entendiam a razão para a nova forma de organização e não viam sentido algum na mesma. Nitidamente, o modo como os gerentes tratam seus subordinados, não o modo como os organizam, é a chave para altas expectativas e alta produtividade.

Sonhos impossíveis. As altas expectativas da gerência precisam passar pelo teste de realidade antes que possam ser traduzidas em desempenho. Para se tornarem profecias auto-realizáveis, as expectativas devem ser feitas de material mais sólido do que a força do pensamento positivo ou a confiança generalizada nos subordinados, por mais úteis que tais conceitos possam ser para outros propósitos. Os subordinados não se sentirão motivados a alcançar altos níveis de produtividade, a menos que considerem as altas expectativas do chefe realistas e factíveis. Se forem estimulados a se bater por metas inatingíveis, acabarão desistindo de tentar e se conformarão com resultados inferiores aos que seriam capazes de alcançar. A experiência de uma grande fabricante de produtos elétricos demonstra isso. A empresa descobriu que a produção caía se as cotas de produção eram elevadas demais, porque os trabalhadores paravam de tentar alcançá-las. Em outras palavras, a prática de "estimular o burro com a promessa de uma cenoura", endossada por diversos gerentes, não é um bom truque motivacional.

Pesquisa conduzida por David C. McClelland, da Harvard University, e John W. Atkinson, da University of Michigan, demonstrou que o relacionamento entre motivação e expectativa varia como uma curva em forma de sino.[2]

O grau de motivação e esforço cresce até que a expectativa de sucesso chegue a 50%. Passa então a cair, ainda que a expectativa de sucesso continue a subir. Não se obtém nenhuma motivação ou resposta quando uma meta é vista como virtualmente certa ou virtualmente impossível de ser atingida.

Além disso, como Berlew e Hall enfatizaram, se os subordinados deixam de alcançar expectativas de desempenho que são próximas de seu próprio nível de aspirações, vão rebaixar metas e padrões pessoais de desempenho, este tenderá a piorar e atitudes negativas se desenvolverão em relação à atividade ou ao emprego.[3] Portanto, não é de espantar que o fracasso em corresponder a expectativas irrealisticamente elevadas dos gerentes leve a altas taxas de rotatividade, por saídas voluntárias ou involuntárias.

O segredo da superioridade. Na mente de gerentes eficazes, ocorre algo não registrado na mente de gerentes menos eficazes. Enquanto os gerentes eficazes são constantemente capazes de criar expectativas de alto desempenho às quais seus subordinados correspondem, os gerentes mais fracos não conseguem obter uma resposta similar. O que faz a diferença?

A resposta, em parte, parece ser que os gerentes eficazes têm maior confiança que outros gerentes na própria capacidade de desenvolver o talento de seus subordinados. Ao contrário do que se pode pressupor, as altas expectativas de gerentes eficazes se baseiam sobretudo naquilo que pensam de si mesmos — de sua capacidade de selecionar, treinar e motivar seus subordinados. A noção que um gerente faz de si mesmo tem influência sutil sobre a noção que tem de seus subordinados, o que deles espera e como os trata. Se um gerente tem confiança na própria capacidade de desenvolvê-los e estimulá-los a altos níveis de desempenho, depositará altas expectativas neles e deixará sua confiança no cumprimento de tais expectativas transparecer no tratamento dispensado a eles. Mas, se tem dúvidas acerca de sua capacidade de estimulá-los, esperará menos dos subordinados e os tratará com menos confiança.

Dito de outra forma, o histórico de sucesso dos gerentes eficazes e sua confiança nas próprias habilidades dão credibilidade a suas altas expectativas. Logo, os subordinados aceitam tais expectativas como realistas e tentam alcançá-las.

A importância da noção que o gerente faz acerca de suas habilidades motivacionais e de treinamento é ilustrada pelo "Milagre de Sweeney", uma profecia gerencial e educacional autorealizável.

James Sweeney foi professor de gestão industrial e psiquiatria na Tulane University, em New Orleans, Louisiana, onde também era encarregado da operação de um certo Biomedical Computer Center. Sweeney achava que podia transformar mesmo um sujeito de educação deficiente num competente operador de computadores. George Johnson, um ex-porteiro de hospital, virara zelador do centro. Sweeney o escolheu para provar sua tese. Pela manhã, Johnson fazia o serviço de zelador e, pela tarde, Sweeney o ensinava a usar o computador.

Johnson vinha aprendendo bastante quando alguém na universidade concluiu que, para operar um computador, era preciso um certo nível de QI. Johnson foi testado e seu QI indicou que ele não seria capaz de aprender a digitar, muito menos a operar um computador.

Sweeney não ficou convencido. Ameaçou pedir demissão se Johnson não tivesse permissão para aprender a programar e a operar o equipamento. Sweeney prevaleceu e ainda chefia o centro de computação. Johnson hoje é encarregado da central principal de informática e do treinamento do novo pessoal em programação e operação do computador.[4]

As expectativas de Sweeney se basearam no que ele acreditava acerca de suas próprias habilidades como instrutor, não nas credenciais de aprendizado de Johnson. O que os gerentes acreditam acerca de suas habilidades em treinar e motivar é, claramente, o fundamento sobre o qual são construídas de forma realista as altas expectativas gerenciais.

A importância do começo

As expectativas da gerência exercem sua mais mágica influência sobre os mais jovens. À medida que os subordinados amadurecem e ganham experiência, sua auto-imagem gradualmente se solidifica e a noção que fazem de si mesmos passa a ser um reflexo de seu histórico profissional. Suas próprias aspirações e as expectativas de seus superiores se tornam cada vez mais controladas pela "realidade" de seu desempenho no passado. Fica mais e mais difícil para eles e para seus gerentes gerar expectativas mutuamente altas, a menos que tenham currículos de destaque.

A propósito, o mesmo padrão ocorre nas escolas. Os experimentos de Rosenthal com profecias educacionais auto-realizáveis demonstram sistematicamente que as expectativas de professores são mais eficazes para influenciar o crescimento intelectual em crianças pequenas do que nas de mais idade. Nas séries escolares iniciais, particularmente no primeiro e no segundo anos, os efeitos das expectativas dos professores são impressionantes. Nos anos mais avançados, as profecias deles parecem ter pouco efeito no crescimento intelectual das crianças, apesar de afetar a motivação e o posicionamento delas em relação à escola. Embora a declinante influência das expectativas dos professores não possa ser completamente explicada, é razoável concluir que crianças mais jovens sejam mais maleáveis, tenham menos noções fixas sobre suas habilidades e reputações menos estabelecidas na escola. À medida que crescem, particularmente se são "agrupadas" com base nas notas de seus boletins, como hoje é comum em escolas públicas, suas crenças acerca das próprias habilidades intelectuais e as expectativas de seus professores começam a se fixar e a resistir mais à influência dos outros.

A chave para o desempenho futuro. Os anos iniciais numa organização empresarial, quando o pessoal jovem pode ser fortemente influenciado pelas expectativas gerenciais, são críticos para a determinação do desempenho futuro e o progresso da carreira.

No estudo realizado na AT&T, Berlew e Hall concluíram que a correlação entre o quanto a empresa espera de um funcionário no primeiro ano e o quanto o funcionário contribui nos cinco anos seguintes era "irrefutável demais para ser ignorada".[5]

Posteriormente, os dois estudaram os históricos profissionais de 18 recém-formados contratados como trainees de gerência numa outra empresa operacional da AT&T. De novo, descobriram que tanto as expectativas quanto o desempenho no primeiro ano se correlacionavam sistematicamente com o desempenho e o sucesso mais à frente.

"Algo importante acontece no primeiro ano (...)", Berlew e Hall concluíram. "Corresponder às altas expectativas da empresa no primeiro ano, que é decisivo, leva à internalização de atitudes positivas e altos padrões no trabalho. Nos anos seguintes, essas atitudes e esses padrões, por sua vez, primeiro levariam ao forte desempenho e ao sucesso e depois seriam reforçados por esses mesmos resultados positivos. Outra conseqüência é que um novo gerente que corresponda ao desafio de uma função exigente receberá depois um cargo mais exigente e seu nível de contribuição crescerá à medida que corresponder às crescentes expectativas da empresa sobre ele. A chave (...) é o conceito do primeiro ano como sendo um *período decisivo para o aprendizado*, uma época na qual o trainee está especialmente preparado para se desenvolver ou mudar rumo às expectativas da empresa."[6]

O chefe mais influente. O primeiro chefe de um profissional jovem provavelmente será o mais influente de sua carreira. Se for um chefe incapaz ou que não esteja disposto a desenvolver as habilidades do jovem para um desempenho satisfatório, o jovem fixará padrões pessoais inferiores aos que seria capaz de atingir, terá sua auto-imagem debilitada e desenvolverá atitudes negativas em relação ao trabalho, aos chefes e — muito provavelmente — à sua própria carreira. Uma vez que as chances de construir uma carreira de sucesso com esse primeiro chefe diminuirão rapidamente, o funcionário partirá — se tiver maiores aspirações —, na esperança de encontrar melhores oportunidades. Se, por outro lado, os primeiros chefes ajudarem os profissionais em início de carreira a atingir seu potencial máximo, estarão lançando as bases para carreiras de sucesso.

Com poucas exceções, os gerentes de agência mais eficientes no banco americano anteriormente citado eram pessoas maduras na faixa dos 40 e 50 anos. Os executivos do banco explicaram que leva um tempo considerável para uma pessoa ganhar o conhecimento, a experiência e o julgamento exigidos para lidar adequadamente com riscos de crédito e com as relações com a clientela e com o pessoal.

No entanto, um gerente de agência que ficou entre os 10% de melhor eficiência (que incluía o perfil de crescimento de lucros e de depósitos na agência, pontuações em auditorias administrativas e classificação subjetiva por superiores) tinha apenas 27 anos de idade. Este jovem havia sido promovido a gerente de agência aos 25 anos e em mais dois conseguira não só melhorar o desempenho da agência como desenvolver um gerente assistente mais jovem, que, por sua vez, foi promovido a gerente de agência aos 25 anos.

O assistente tivera somente notas medianas na faculdade, mas, em apenas quatro anos no banco, havia sido destacado para trabalhar com dois gerentes de agência que eram notadamente eficientes no papel de instrutores. O primeiro chefe, reconhecido em todo o banco por suas habilidades incomuns no desenvolvimento de jovens profissionais, não acreditava que são necessários anos para adquirir o conhecimento e as habilidades que tornam um bancário eficiente. Depois de dois anos, o jovem foi promovido a gerente assistente em uma agência chefiada por outro executivo também eficaz no desenvolvimento dos subordinados. Foi assim que, quando chegou a chefe de agência, seguiu confiantemente o modelo dos dois superiores anteriores na operação, rapidamente estabeleceu um histórico de desempenho excepcional e treinou um assistente para assumir, desde cedo, responsabilidades maiores.

Para obter indícios que confirmem o papel crucial exercido pelos primeiros chefes de uma pessoa, observemos o setor de vendas, uma vez que o desempenho nesta área é mais facilmente mensurável que na maioria das áreas gerenciais. Vejamos as seguintes investigações:

- Numa avaliação da carreira de cem corretores de seguro que começaram a trabalhar com gerentes altamente competentes ou medianos, a Life Insurance Agency Management Association descobriu que os com pontuação mediana em testes de aptidão para vendas tinham quase cinco vezes mais probabilidade de se darem bem sob o comando de chefes com bom histórico de desempenho do que com chefes com histórico fraco. Já aqueles com pontuação superior de aptidão para vendas tinham o dobro de probabilidade de ter sucesso se comandados por gerentes de alto desempenho, com relação aos de fraco desempenho.[7]
- A corretora Metropolitan Life Insurance determinou, em 1960, que a diferença de produtividade de novos corretores de seguros cuja aptidão para vendas era a mesma só podia ser explicada por diferenças de habilidade dos gerentes das filiais para as quais eram destacados. Os corretores cuja produtividade era alta em relação à pontuação de seus testes de aptidão invariavelmente atuavam em filiais que tinham recordes de produção dentro do terço superior da empresa. Inversamente, aqueles cuja produtividade era baixa em relação à pontuação de seus testes tipicamente atuavam nos escritórios de menor desempenho. Depois de analisar todos os fatores que possam ter contado para essas variações, a empresa concluiu que as diferenças de desempenho de novos corretores se deviam primariamente à desigualdade na "proficiência em treinamento de vendas e direção" dos gerentes locais.[8]

- Um estudo que conduzi acerca do desempenho de revendedores de carros em concessionárias da Ford no estado da Nova Inglaterra revelou que os vendedores de desempenho superior se concentravam num punhado de concessionárias de destaque. Por exemplo, 10 dos 15 maiores vendedores da Nova Inglaterra estavam em três concessionárias (de um universo de aproximadamente 200), e 5 dos 15 maiores estavam numa única concessionária de elevado desempenho. Todavia, quatro destas pessoas tinham trabalhado previamente para outras revendedoras sem alcançar grandes vendas. Havia pouca dúvida de que treinamento e habilidades motivacionais de gerentes das concessionárias de sucesso foram decisivos.

Seleção perspicaz. Embora o sucesso nos negócios por vezes pareça definido por uma loteria, há mais do que sorte em jogo quando uma pessoa jovem é selecionada por um gerente superior. Um gerente eficaz não escolhe seus subordinados a esmo ou num cara ou coroa. Antes, usa cautela para selecionar apenas aqueles que, ele sabe, vão emplacar. Como insistia Alfred Oberlander, o gerente da Metropolitan em Rockaway: "Todo homem ou mulher que começa conosco será um corretor de seguros de vida de elevado gabarito. Caso contrário, não teria sido admitido à equipe."

Quando convocado a explicar como saber se uma pessoa vai emplacar, um gerente eficaz geralmente recorre a algo do tipo: "São qualidades intangíveis, mas dá para reconhecê-las quando se depara com elas". A dificuldade em ser claro ocorre porque seu processo de seleção é intuitivo e baseado em inteligência interpessoal, algo difícil de descrever. Seu segredo parece ser a capacidade de identificar subordinados com os quais provavelmente poderá trabalhar de forma produtiva — pessoas com quem é compatível e cuja química combina com a sua. Um gerente eficaz comete equívocos, é claro, mas desiste de um subordinado lentamente, porque isso significa desistir de si mesmo — de seu julgamento e habilidade em selecionar, treinar e motivar pessoas. Gerentes menos eficientes selecionam subordinados com maior rapidez e desistem deles mais facilmente, acreditando que a inadequação está no subordinado, não neles mesmos.

Desenvolvendo gente jovem

Ao observar que pesquisas conduzidas por sua empresa indicam que "as expectativas de desempenho inicial (com responsabilidade real) moldam expectativas e comportamentos subseqüentes", R.W. Walters Jr., diretor de recrutamento de recém-formados da AT&T, sustenta que "os primeiros chefes de um profissional recém-formado devem ser os melhores da organização".[9] Infelizmente, a maioria das empresas faz exatamente o oposto.

Raramente os recém-formados trabalham diretamente com gerentes intermediários experientes ou executivos de alto escalão. Normalmente, são chefiados por gerentes na base da pirâmide hierárquica, que tendem a ser os menos experientes e os menos eficientes da organização. Embora haja exceções, gerentes da base em geral são veteranos considerados carentes da competência para níveis mais altos de responsabilidade ou profissionais mais jovens na transição do "executar" para o "gerenciar". Com freqüência, tais gerentes não têm o conhecimento e a habilidade exigidos para desenvolver as capacidades produtivas de seus subordinados. Como conseqüência, diversos recém-formados começam sua carreira no mundo dos negócios sob as piores circunstâncias possíveis. Cientes de que suas habilidades não estão sendo desenvolvidas ou empregadas, é natural que logo adquiram uma visão negativa do emprego, dos patrões e da carreira.

Embora a maioria dos executivos de alto nível ainda não tenha diagnosticado o problema, o maior desafio no meio é, de longe, corrigir o subdesenvolvimento, a subutilização e a ineficácia no gerenciamento e no uso de seu recurso mais valioso — os jovens talentos gerenciais e profissionais.

Desilusão e rotatividade. O problema que os administradores de empresas têm diante de si é sublinhado pelas taxas de fuga de talentos entre jovens gerentes e profissionais, as quais apresentam agudo crescimento. A rotatividade entre os gerentes com um a cinco anos de formados é hoje quase o dobro do que há uma década e cinco vezes mais alta que há duas décadas. Três de cada cinco empresas sondadas pela revista *Fortune* no quarto trimestre de 1968 relataram que as taxas de rotatividade entre jovens gerentes e profissionais são mais altas do que cinco anos antes.[10] Enquanto o alto nível de atividade econômica e a escassez de pessoal qualificado facilitam a rotatividade no emprego, as causas subjacentes do alto nível de evasão, estou convencido, são subdesenvolvimento e subutilização de uma força de trabalho que tem altas aspirações profissionais.

O problema pode ser visto em sua forma extrema nas excessivas taxas de evasão de recém-formados de faculdades e universidades que iniciam sua carreira em cargos de vendas. Na empresa mediana, enquanto se perdem cerca de 50% dos contratados recém-formados no período de três a cinco anos, taxas de evasão que chegam a 40% no primeiro ano são comuns entre os recém-formados que aceitam posições em vendas. Essa evasão tem origem basicamente, em minha opinião, no fracasso dos gerentes da base em ensinar aos recém-formados o que eles precisam saber para ser representantes de vendas eficientes.

Como constatamos, os jovens que começam sua carreira trabalhando com gerentes de vendas abaixo da média têm probabilidade de apresentar um histórico de baixa produtividade. Quando rejeitados por seus clientes e vistos por seus gerentes como tendo baixo potencial para o sucesso, tais jovens naturalmente encontram grande dificuldade em manter sua auto-estima. Não tarda que estejam obtendo pouca satisfação pessoal no emprego e, para evitar perda maior de auto-respeito, deixando seus patrões em busca de oportunidades mais promissoras. Além disso, à medida que relatos sobre a alta rotatividade e a desilusão daqueles que embarcaram numa carreira de vendas retornam ao campus universitário, novos recém-formados se tornam cada vez mais relutantes em aceitar empregos em vendas.

Assim, um gerente de vendas ineficaz deslancha uma seqüência de eventos que culmina em universitários recém-formados evitando carreiras em vendas. Em escala menor, o mesmo padrão é reproduzido em outras ocupações comerciais, conforme evidenciado pela crescente tendência de recém-formados em buscar carreiras em ocupações "de maior significado", tais como a educação e o serviço público.

Um grave "abismo de gerações" entre chefes e subordinados é outra considerável causa de ruptura. Vários gerentes se ressentem da linguagem abstrata e acadêmica e da racionalização estreita características de recém-formados. Palavras de um gerente que falava comigo: "Pelo amor de Deus, é preciso um dicionário para falar com esses moleques". Gerentes sem diploma são particularmente ressentidos, talvez porque se sintam ameaçados por jovens brilhantes e detentores de um conhecimento tirado de livros que foge à sua compreensão.

Seja qual for a razão, o "abismo de gerações" em várias empresas está solapando as expectativas gerenciais dos recém-formados. Por exemplo, sei de um estudo sobre atitudes gerenciais em uma das maiores empresas dos EUA que revelou que 54% dos gerentes de primeira e de segunda linha acreditavam que os recrutas recém-formados "não eram tão bons quanto eles próprios cinco anos antes". Uma vez que a expectativa dos gerentes sobre seus subordinados influencia o modo como estes são tratados, é compreensível que os recém-formados freqüentemente desenvolvam atitudes negativas em relação aos seus empregos e empregadores. Claramente, baixas expectativas gerenciais e atitudes hostis não são a base para um gerenciamento eficiente de novos profissionais que estréiam nos negócios.

• • •

As empresas ainda não desenvolveram gerentes na base, ou imediatamente acima destes, eficazes, com rapidez suficiente para preencher as necessidades da organização. Como conseqüência, várias empresas estão subdesenvolvendo seu mais valioso recurso: jovens de talento. Estão incorrendo em pesados custos de evasão e contribuindo para as atitudes negativas que o jovem freqüentemente apresenta em relação a carreiras de negócios.

Para altos executivos preocupados com a produtividade de suas empresas e a carreira de seus jovens funcionários, o desafio é claro: acelerar o desenvolvimento de gerentes que tratem os subordinados de modo a promover o alto desempenho e a satisfação profissional. Um gerente não apenas molda as expectativas e a produtividade dos subordinados como também influencia suas atitudes em relação ao emprego e a si mesmos. Se o gerente é inábil, deixa marcas na carreira dos jovens, debilita profundamente a auto-estima deles e distorce sua auto-imagem como seres humanos. Já se o gerente for qualificado e tiver altas expectativas, a auto-confiança dos subordinados crescerá, suas capacidades se desenvolverão e sua produtividade será alta. Com mais freqüência do que se percebe, o gerente é Pigmalião.

Notas

1. Os estudos de Rosenthal e de Headstart são citados por Robert Rosenthal e Lenore Jacobson em *Pygmalion in the Classroom* (Holt, Rinehart e Winston, 1968), p. 11.
2. Ver "Motivational Determinants of Risk-Taking Behavior", de John W. Atkinson, em *Psychological Review*, vol. 64, nº 6, 1957, p. 365.
3. David E. Berlew e Douglas T. Hall, "The Socialization of Managers: Effects of Expectations on Performance", *Administrative Science Quarterly*, September 1966, p. 208.
4. Rosenthal e Jacobson, p. 3.
5. Berlew e Hall, p. 221.
6. David E. Berlew e Douglas T. Hall, "Some Determinants of Early Managerial Success", Alfred P. Sloan School of Management Organization Research Program #81-64 (MIT, 1964), p. 13.
7. Robert T. Davis, "Sales Management in the Field", HBR January–February 1958, p. 91.
8. Alfred A. Oberlander, "The Collective Conscience in Recruiting", palestra proferida no encontro anual da Life Insurance Agency Management Association, Chicago, Illinois, 1963, p. 5.
9. "How to Keep the Go-Getters", *Nation's Business*, June 1966, p. 74.
10. Robert C. Albrook, "Why It's Harder to Keep Good Executives", *Fortune*, November 1968, p. 137.

Originalmente publicado em fevereiro de 2003.
Reimpressão R0301G–P.

Administração pelos objetivos de quem?

Harry Levinson

A maioria dos sistemas de avaliação de desempenho não leva em conta as aspirações dos funcionários. Causa espanto que fracasse?

À primeira vista, este parece ser um artigo sobre administração por objetivos, uma abordagem de avaliação de desempenho já bastante ultrapassada. Mas, lido com mais atenção, revela-se uma denúncia dos sistemas de mensuração ainda em voga. Harry Levinson, um psicólogo de talento que já teve 13 artigos seus publicados na HBR, identificou um mar de problemas que deturpam os sistemas de avaliação de desempenho: gerentes de divisão são obrigados a comprometer-se com metas que, a seu ver, não são realistas. Uma obsessão pela objetividade e pelos parâmetros quantitativos significa que a qualidade é negligenciada. Supervisores, nada à vontade ao avaliar os outros pelo desempenho deles, metem os pés pelas mãos nesta tarefa crucial. Mas, no entender de Levinson, o mais grave de tudo é que o sistema de avaliação de desempenho exclui as necessidades e os desejos individuais, presumindo-se que estejam em perfeita sintonia com as metas da empresa e que, se não estiverem, o indivíduo deveria partir para outra.

As propostas de reforma de Levinson fazem lembrar as constatações de Frederick Herzberg: uma pessoa sente-se mais motivada quando o trabalho estimula e amplia seus horizontes ao mesmo tempo em que contribui para as metas organizacionais.

Embora o conceito de administração por objetivos (APO) seja hoje parte integrante do processo de gestão, uma iniciativa típica de APO perpetua e intensifica a hostilidade, o ressentimento e a desconfiança entre um gerente e seus subordinados. Do modo como é praticada hoje, não passa de engenharia industrial com um novo rótulo aplicada a escalões gerenciais mais elevados mas preservando intactas as mesmas resistências.

É óbvio que, na passagem do conceito da APO para sua implementação, uma falha muito grave deve ter ocorrido. Conjugada à avaliação de desempenho, a intenção é seguir a tradição de Frederick Taylor de tornar o processo de gestão mais racional. Ou seja, quem deve fazer o quê, quem deve exercer o controle efetivo do processo, como relacionar diretamente o desempenho individual com a recompensa. O processo da APO, no fundo, é uma tentativa de agir de forma justa e razoável, de prever o desempenho e julgá-lo de modo mais criterioso e, presume-se, de permitir que a definição de objetivos próprios seja para as pessoas uma fonte de automotivação.

A proposta de esclarecer as obrigações funcionais e de medir o desempenho com base nas metas fixadas pelo próprio funcionário parece perfeitamente razoável. A preocupação de fazer com que superior e subordinado usem os mesmos critérios para avaliar o desempenho do subordinado é notavelmente sensata. O esforço de chegar a um acordo sobre o que constitui a função do subordinado é muito desejável.

Porém, como ocorre na maioria das racionalizações na tradição de Taylor, a APO como processo é uma das maiores ilusões da gestão, pois não dá conta adequadamente dos componentes emocionais mais profundos da motivação.

Neste artigo, devo mostrar por que a administração por objetivos, do modo como é praticada hoje na maioria das organizações, é a meu ver contraproducente e capaz de exacerbar a pressão sobre o indivíduo. O que não significa que eu esteja rejeitando *a priori* a APO ou a avaliação de desempenho. Pelo contrário, quando levanto a questão básica — "objetivos de quem?" — é para sugerir como tais objetivos poderiam transformar-se em mecanismos mais construtivos para uma gestão efetiva. Os pontos que levanto têm muita ligação com considerações de caráter psicológico, particularmente com o que essas técnicas pressupõem no tocante à motivação.

> *A situação de avaliação gera sentimentos de culpa poderosos e paralisantes que tornam muito difícil para a maioria dos executivos fazer críticas construtivas dos subordinados.*

O processo "ideal"

Considerando que há entre a administração por objetivos e a avaliação de desempenho uma associação íntima, elas serão aqui consideradas como uma prática integrada que visa a:

- Medir e julgar o desempenho.
- Associar o desempenho individual às metas organizacionais.
- Esclarecer tanto a tarefa a ser executada quanto o desempenho esperado nessa execução.
- Propiciar a progressiva competência e o crescimento do subordinado.
- Melhorar a comunicação entre o superior e o subordinado.
- Servir de base às decisões que envolvam salários e promoções.
- Estimular a motivação do subordinado.
- Servir como ferramenta para integração e controle organizacional.

Problemas sérios. Segundo o raciocínio corrente, o processo "ideal" deveria transcorrer em cinco etapas: 1) discussão individual com o superior sobre a descrição do cargo feita pelo próprio subordinado; 2) estabelecimento de metas de desempenho do subordinado no curto prazo; 3) reuniões com o superior para discutir o progresso do subordinado em relação às metas; 4) estabelecimento de marcos referenciais para mensurar tal progresso; e 5) discussão entre superior e subordinado ao final de períodos determinados para avaliar os resultados de iniciativas do subordinado. Idealmente, esse processo dá-se num quadro de contatos mais freqüentes, mesmo diários, e não se confunde com a revisão salarial. Na prática, porém, surgem problemas:

Por mais detalhada que seja, a descrição do cargo no fundo é estática — quer dizer, não passa de uma série de asserções. No entanto, quanto mais complexa a tarefa e quanto maior a flexibilidade necessária ao seu desempenho, menos uma listagem fixa dos itens referentes ao cargo coincidirá com aquilo que a pessoa de fato faz. Assim, quanto mais alto for o posto na organização e quanto maiores se apresentarem a versatilidade e a sutileza do trabalho, maior a dificuldade de estabelecer objetivos capazes de representar mais que uma fração da atuação do indivíduo.

Metas e descrições preestabelecidas impedem que se dê grande peso a áreas em que a pessoa pode dispor de autonomia, ainda que isso não conste da descrição ou dos objetivos do cargo. Trata-se aqui da criatividade espontânea nascida da iniciativa de um executivo inovador, ou de tarefas cuja execução um executivo responsável percebe ser necessária. Quanto mais nos acercamos de uma sociedade de serviços — na qual as tarefas não são tão bem definidas mas a espontaneidade na prestação do serviço e a responsabilidade assumida de modo próprio são cruciais —, mais isso se torna premente.

A maioria das descrições de cargos limita-se ao que os funcionários fazem em serviço. Não há uma devida atenção à crescente interdependência do trabalho de gerenciamento nas organizações. Quanto mais cresce a compreensão do impacto dos fatores sociais e organizacionais sobre o desempenho individual, mais importante torna-se tal limitação. Quanto mais a eficácia de um funcionário depende do que fazem os demais, menos se pode imputar a ele a responsabilidade pelo resultado de esforços individuais.

Se um papel primordial da avaliação de desempenho é o aconselhamento ao subordinado, ela deveria contemplar e computar todos os aspectos da situação na qual superior e subordinado estejam operando. Deveria também levar em conta a relação entre o cargo do subordinado e os demais cargos. O aconselhamento visa em grande parte a ajudar o subordinado a aprender a lidar com o sistema. Que eu saiba, não há provisão na maioria dos processos para que essa discussão seja relatada ou registrada, nem espaço para tanto em formulários de avaliação.

Objetivos são estabelecidos e evoluem em prazos demasiadamente curtos, sem tempo para que haja uma interação adequada entre os diversos níveis de uma organização. Isto impede os pares, tanto numa mesma unidade de trabalho quanto em unidades complementares, de virem a desenvolver objetivos em conjunto visando à máxima integração. Assim, nem a fixação de objetivos nem a avaliação de desempenho contribuem grande coisa para o desenvolvimento do trabalho em equipe ou para um autocontrole organizacional mais efetivo.

Junto com esses problemas, há a dificuldade sentida pela chefia em fazer avaliações. Segundo o autor Douglas McGregor, o fiasco do sistema de avaliação deve-se primordialmente à relutância da chefia em assumir o papel de Deus e emitir julgamentos sobre o valor de uma pessoa.[1] McGregor afirmou que o superior teria a sensação de estar fazendo a inspeção de produtos de uma linha de montagem e alegou tratar-se de uma repulsa pela desumanização. Recomendou que o problema fosse enfrentado com o subordinado estabelecendo as próprias metas de comum acordo com o superior e com o aproveitamento da sessão de avaliação como mecanismo de aconselhamento. Assim, em vez de um inspetor de produtos desumanizado, o superior seria alguém capaz de ajudar os subordinados a cumprir as próprias metas.

Abro parênteses para dizer que duvido muito que o fracasso da avaliação tenha origem na sensação de fazer-se passar por

Deus ou de desumanização. Minhas próprias observações levam-me a crer que a gerência vivencia a avaliação de terceiros como um ato hostil, agressivo, inconscientemente percebido como capaz de lesar ou destruir o próximo. A situação de avaliação gera, pois, sentimentos de culpa poderosos e paralisantes, o que torna extremamente difícil para a maioria dos executivos fazer críticas construtivas dos subordinados.

Apelo à objetividade. Seja lá como for, quanto mais difícil e complexo o processo de avaliação e o estabelecimento e a avaliação dos objetivos, mais premente o clamor pela objetividade. Trata-se de um apelo inútil. Toda organização é um sistema social, uma rede de relacionamentos interpessoais. Uma pessoa pode fazer um trabalho excelente à luz de critérios objetivos e ao mesmo tempo ser um fracasso retumbante como sócio, subordinado, superior ou colega. Já não espanta saber que mais gente deixa de ser promovida por motivos pessoais do que por incompetência técnica.

Além do mais, dado que todo subordinado é um componente do esforço de seus superiores para alcançar suas próprias metas, é inevitável que o subordinado seja avaliado em função de quanto colabora com o superior e o ajuda a cumpri-las. Toda experiência de fixar metas ou de avaliação envolve necessariamente um forte elemento subjetivo. O apelo à objetividade é feito em vão por mais outro motivo. Quanto maior a ênfase colocada na mensuração e na quantificação, maior será a probabilidade de se sacrificarem elementos sutis e não-mensuráveis da tarefa. Com freqüência, portanto, a qualidade do desempenho é preterida em favor da quantificação.

Um exemplo concreto: uma fabricante de artigos de alta qualidade e prestígio, renomada pelos serviços e pela consideração dispensados à clientela, instituiu um programa de APO. O programa é bem projetado e contribuiu muito para definir as metas individuais e o desempenho organizacional. É um componente importante do estilo profissional de gestão da empresa e resultou em louvável crescimento.

Foi detonado, porém, um processo interessante e, em última instância, destrutivo. Os gerentes começam a se inquietar porque, agora, ao procurarem saber o motivo pelo qual alguma coisa deixou de ser feita, ouvem dos colegas: "Não consta das minhas metas". Ouvem-se queixas de que o serviço ao consumidor está se deteriorando. Vaga, a meta "aprimorar o serviço ao consumidor" é quase impossível de ser mensurada. Nota-se, portanto, forte concentração em submetas mensuráveis. Logo, metas como o tempo de atendimento por cliente e o número de ligações do cliente atendidas são parâmetros que servem de base à avaliação do desempenho. Quanto menos tempo gasto com cada cliente e quanto menos ligações, melhor estarão sendo cumpridos os objetivos do gerente de serviços ao cliente. Ele corta custos, aumenta lucros — e sufoca o negócio. Pior ainda, se sente péssimo com isso.

A maioria dos gerentes optou pela empresa em questão devido à sua reputação de oferecer qualidade e bom serviço. O que querem é fabricar bons produtos e atrair tanto a continuada admiração dos clientes quanto a inveja das rivais. Quando não operam nesse nível de excelência, sentem-se culpados. Ficam irritados consigo e com a empresa. Têm a sensação de que não faria muita diferença estar trabalhando para uma empresa que sabidamente tivesse um péssimo controle de qualidade e não desse a mínima para o serviço.

O mesmo problema afeta o desenvolvimento de recursos humanos, mais uma dessas metas fluidas e difíceis de medir se comparadas às submetas mensuráveis. Se consultado, todo gerente será capaz de citar um funcionário mais jovem potencialmente capaz de sucedê-lo, sobretudo se disto depender uma promoção; mas nenhum deles tem tempo ou é pago para treinar criteriosamente os mais jovens. Nem poderia, pois na organização não há como medir o sucesso de um gerente pelo desenvolvimento de outros.

Falha de compreensão

Todos os problemas quanto a objetivos e avaliações esboçados no exemplo discutido na seção anterior indicam que, a despeito da opinião de algumas empresas acerca dos seus programas, a APO não está funcionando a contento. O motivo básico desse funcionamento falho é sua absoluta incapacidade de captar o aspecto humano.

Para ilustrar essa falha de compreensão, acompanhemos o processo típico de APO. Caracteristicamente, a cúpula estabelece a meta corporativa para o ano seguinte, o que se pode fazer em termos de retorno sobre investimentos, vendas, produção, crescimento ou outros fatores mensuráveis.

Dentro dessa conjuntura, os gerentes responsáveis talvez sejam consultados sobre o quanto suas divisões pretendem contribuir para a consecução da meta, ou então solicitados a fixar suas próprias metas com relativa independência da corporativa. Ainda que disponham de autonomia para fixar as suas metas, estas, espera-se, deverão ser superiores às do ano anterior. Normalmente, cada gerente responsável tem o seu leque de opções limitado à eleição de alguma peça da ação organizacional ou à melhoria de determinadas estatísticas. Em certos casos, pode também estar incluído algum treinamento ou uma capacitação de caráter específico.

Depois que as metas da divisão foram definidas pelo gerente responsável e aprovadas pelo seu superior, elas se tornam as suas metas como gerente. Presume-se que o gerente esteja comprometido com o que se propõe a fazer. A definição foi obra sua e ele é o responsável. A partir de então, pode ser alvejado com seu próprio petardo.

Façamos agora uma cuidadosa revisão do processo: todo o método baseia-se numa perspectiva de curto prazo egocentricamente orientada e numa psicologia subjacente de recompensa ou castigo. Tipicamente, o processo de APO coloca o gerente responsável em uma situação mais ou menos equivalente à de um rato num labirinto, forçado a escolher entre alternativas binárias. O pesquisador que põe o rato no labirinto presume que o animal vai escolher a recompensa da comida. Se não for possível pressupor tanto, o rato é submetido a uma dieta de fome para garantir que o seu objetivo seja a comida.

A única diferença da administração por objetivos é que esta permite que, dentro de um limitado leque de opções, o gerente escolha sua própria isca. A partir daí, o processo da APO parte do pressuposto de que o gerente: a) se esforçará ao máximo para obtê-la; b) será internamente pressionado por força desse compromisso; e c) responderá por ele perante a organização.

Justiça seja feita, a maioria dos gerentes certamente tenta. Mas isso não impede que se manifestem neles o ressentimento e a insatisfação crescentes por se sentirem como ratos no labirinto, a culpa pela negligência em tudo que o cargo envolve mas não consta dos seus objetivos e a resistência passiva diante da crescente pressão pela satisfação de metas cada vez mais altas.

Metas pessoais. O processo de APO não responde a questões como: Quais os objetivos pessoais dos gerentes? Quais as suas necessidades e desejos fora do trabalho? Como evoluem de um ano para outro essas necessidades e desejos? Que relevância os objetivos organizacionais e sua participação neles têm para tais necessidades e desejos?

Evidentemente, nenhum objetivo terá força motivadora substancial se não representar algo mais que uma escolha forçada sem qualquer relação com sonhos, desejos e aspirações pessoais.

Por exemplo, para um vendedor que aprecie o relacionamento com clientes que, apesar de comprarem pouco, foram conquistados a duras penas, essa necessidade é de suma importância. Suponhamos que no afã de aumentar o volume de vendas a chefia exija que esse vendedor dê preferência a clientes de maior volume, capazes de garantir o aumento pretendido de vendas, em detrimento dos menores, pedindo-lhe em seguida que quantifique o grau de aumento que será capaz de alcançar.

Lidar com os clientes maiores significa que esse vendedor terá menos chances de vender para pessoas com quem já estabeleceu um relacionamento sólido e, provavelmente, passará a tratar com agentes de compras, pessoal técnico ou profissionais especializados que dele exigirão conhecimento e informações que ele talvez não domine em detalhes. Considerando ainda por cima que ele é um só, é possível que esse vendedor não obtenha da sua organização a retaguarda técnica que o ajudará a atender a tais demandas.

Isso pode levar o vendedor não só a perder o seu modo predileto de trabalhar, que convinha perfeitamente às suas necessidades, mas também a assumir encargos que o façam sentir-se inadequado. Instado a estabelecer o percentual com que pretende contribuir para aumentar o volume de vendas, ele até pode fazê-lo, mas estará então sujeito a uma forte pressão psicológica. Ninguém reconheceu as realidades psicológicas que vivencia, muito menos irá ajudá-lo a enfrentá-las. Presume-se apenas que, como a sua meta de vendas é racional, ele enxergará tal racionalidade e lutará por ela.

O problema pode agravar-se se, como não é incomum, forem feitas mudanças na estrutura organizacional. Remanejamento dos territórios de vendas, mudança nos mecanismos de compensação, problemas de entrega, entre outros, são fatores que escapam ao controle do vendedor. Não obstante, mesmo com certa margem de folga, ele ainda é chamado a responder pelo cumprimento da sua meta de vendas.

Necessidades psicológicas. Para que o leitor não considere o exemplo que acabamos de ver exagerado ou irrelevante, eu conheço um jovem gerente de vendas que, apesar de bem-sucedido, está prestes a pedir demissão por não querer se tornar bucha de canhão numa organização que, no seu entender, o trata como mero instrumento na consecução de uma meta. Muitos jovens, exatamente por isso, recusam-se a fazer parte de grandes empresas.

Alguns dirão que minha crítica é injusta, que em muitas organizações o planejamento e a fixação de objetivos ocorrem de baixo para cima e, portanto, não dá para acusar a empresa de jogar alguém num labirinto. Mas é isso que faz. Em quase todos os casos, os únicos objetivos legítimos a serem estabelecidos são os que dizem respeito a progressos mensuráveis no desempenho. O que, mais uma vez, suscita a questão: "objetivos de quem?". Tal questão se torna mais premente quando o pessoal de escalões inferiores estabelece seus objetivos para em seguida ser questionado por gerentes de escalões superiores e advertido de que as metas estabelecidas não são suficientemente altas.

Será o caso de o leitor perguntar: "E qual o problema? Não estamos por acaso falando em negócios, e não estará o trabalho do funcionário voltado para atender às exigências do negócio?". A resposta a ambas as perguntas é: "Evidentemente". Mas esta é apenas parte da história.

Se o impulso mais poderoso de um indivíduo está em suas necessidades, desejos e aspirações pessoais, conjugados à ânsia de sentir-se bem consigo pelo fato de ter cumprido suas metas pessoais mais estimadas, então a administração por objetivos deveria ter como ponto de partida os objetivos do próprio indivíduo. O que deseja ele da vida? Aonde sonha chegar? O que o fará sentir-se bem consigo? Que realizações serão importantes quando, no futuro, o indivíduo olhar para tudo o que fez no seu passado agora irrecuperável?

A essa altura, haverá quem diga que isso é assunto do próprio indivíduo. A empresa tem mais com que se preocupar e deve mesmo partir do pressuposto de que o funcionário está mais interessado em cuidar dos interesses da empresa que dos seus. Esse gênero de diferenciação é impossível. Estamos todos perenemente empenhados em satisfazer as nossas necessidades psicológicas pessoais. Quem não pensa assim, ou acredita que é possível negligenciar ou negociar no longo prazo forças internas tão poderosas, está se iludindo.

Tarefa mútua

A tarefa organizacional é, primeiro, entender as necessidades do funcionário para em seguida avaliar, ao lado dele, até que ponto tais necessidades podem ser atendidas dentro da empresa, esta fazendo o que tem de fazer. O pico da automotivação ocorre, assim, quando se dá uma complementaridade entre as necessidades do indivíduo e as exigências da organização. As exigências de ambas as partes mesclam-se, interagem e formam uma sinergia. As energias do funcionário e da organização congregam-se para benefício mútuo.

Se não existe nenhuma interseção entre as necessidades de cada uma das partes, o indivíduo terá de lutar consigo e com a organização, além de realizar o trabalho que é sua obrigação realizar e cumprir as metas que foram definidas. Nesse caso, é preciso que subordinado e superior avaliem, juntos, para onde o funcionário deseja ir, em que direção a organização se encaminha e quão relevante é a discrepância. Talvez seja melhor para esse funcionário trabalhar em outro lugar e preferível para a organização ter uma outra pessoa com necessidades mais sintonizadas com as da empresa.

Custos de longo prazo. O problema da convergência de interesses é de particular relevância no caso de gerentes de meia-idade e nível sênior.[2] Quando o indivíduo chega à meia-idade, é comum que seus valores comecem a mudar e que se sinta de novo compelido a realizar os sonhos que vem adiando há tanto tempo. Quando tais desejos passam a vir à tona, surgem sérios conflitos internos.

Até então, o indivíduo vestira a camisa da organização. Saíra-se bem o bastante para ascender ao alto escalão. Normalmente, é cogitado para assumir responsabilidades maiores. A organização foi boa para ele, e seus superiores dele precisam no papel de liderança. É gente que serviu de modelo para funcionários mais jovens e os incentivou a aspirar à cúpula da organização. A simples idéia de pedir demissão significa desertar tanto dos superiores quanto dos subordinados.

Como a organização não oferece muitas vias para a discussão de tais conflitos, o indivíduo tenta reprimir seus desejos. Mas a pressão interna não pára de subir, até que a pessoa é levada a tomar uma atitude impulsiva que deixa pasmos e estarrecidos tanto os colegas quanto a si mesma. Conheço o caso de três vice-presidentes que fizeram exatamente isso.

O problema não é tanto a decisão de partir, mas o custo dessa forma de partida. Uma conversa anterior com os superiores a respeito de metas pessoais teria permitido a ambas as partes examinar possíveis alternativas de recolocação dentro da organização. Se não houvesse alternativa, o gerente e seu superior talvez tivessem chegado a uma decisão mais prematura e confortável sobre a separação. A organização teria tido mais tempo para planejar alternativas satisfatórias e tentar compensar o arrefecimento do entusiasmo do gerente. Ao defender o seu interesse de modo esclarecido, a empresa teria parecido humana aos olhos dos gerentes dos escalões inferiores e não acalentaria fantasias e temores sobre a natureza dos conflitos nos escalões mais altos, capazes de provocar a partida de uma boa pessoa.

Priorizar os objetivos pessoais dos gerentes não minimiza a importância das metas da organização. Não significa que exista algo de errado com a necessidade da organização de aumentar o seu retorno sobre investimentos, seu porte, sua produtividade ou demais metas. Mas insisto que é ridículo fazer suposições sobre as motivações das pessoas e depois usar mecanismos para pressioná-las com base em tais suposições em geral tão questionáveis. Embora seja possível que isso resulte em certos ganhos estatísticos demonstráveis no curto prazo, quais serão os custos no longo prazo?

Um deles é o perigo de a organização perder pessoal; o outro é o de as pessoas recuarem de posições competitivas para platôs. Por que alguém se resignaria a servir de bucha de canhão, sacrificando-se por algo que não representa um sonho pessoal? Ainda outro custo é a ameaça de perda do diferencial do negócio, como no caso já citado da empresa às voltas com o problema da deterioração do atendimento aos clientes.

Naquele exemplo, no início não havia diálogo. Ninguém ouvia os gerentes, o que eles queriam, para onde queriam ir, para onde queriam que a organização fosse, como se sentiam diante dos procedimentos supostamente racionais instaurados. O pressuposto psicológico subjacente, que a administração inconscientemente assumiu, foi de que os gerentes precisavam ser tornados mais eficientes; logo, a APO.

A alta direção costuma presumir que só a ela cabe a prerrogativa de: a) definir os objetivos; b) prover as premiações e as metas; e c) conduzir todos os que trabalham para a organização. Enquanto essa psicologia de premiação e castigo persistir, o processo de avaliação da APO está fadado a fracassar. O problema vem sendo agravado por muitas organizações que, presumindo que os objetivos da administração representam um desafio para os funcionários, prometem aos jovens que eles terão desafios a enfrentar. Nem mesmo uma gerência que venha enfrentando altos índices de rotatividade consegue aceitar que jovens profissionais torçam o nariz para os objetivos determinados unilateralmente por ela. Irritada, tal gerência passa então a queixar-se de que o pessoal jovem ou não está interessado em trabalhar ou pensa apenas em chegar à presidência da noite para o dia.

O que esse pessoal jovem está dizendo é: E quanto a mim e às minhas necessidades? Quem me dará ouvidos? Até que ponto a gerência me ajudará a satisfazer minhas próprias exigências, cumprindo ao mesmo tempo os objetivos dela?

O poder dessa força reflete-se na constatação de que, quanto mais o subordinado participa da entrevista de avaliação expondo suas idéias e crenças pessoais, maiores as chances de sentir que: a) o superior é prestativo e construtivo; b) certos problemas correntes do cargo estão sendo solucionados; e c) estão sendo fixadas metas razoáveis para o futuro.[3]

Medidas sugeridas

Presumindo que todos os problemas da APO discutidos até o momento sejam válidos, há uma série de possibilidades para enfrentá-los. Sugiro aqui considerar três medidas iniciais.

Avaliação motivacional. É preciso examinar cada programa de APO e o sistema de avaliação de desempenho que o acompanha, visando a estabelecer até que ponto ambos: a) expressam a convicção de que as pessoas são palermas que precisam ser cutucados, pressionados e manipulados; e b) incentivam uma parceria genuína do funcionário com a organização, ambos influindo entre si, em contraste com a relação do tipo rato no labirinto.

Não são questões fáceis para quem não é psicólogo, mas certas pistas ajudam a encontrar a resposta. Uma pista é verificar como são tomadas as decisões envolvendo compensação, sobretudo por bônus. Por exemplo: um gerente de vendas pediu minha opinião sobre um plano de incentivos para vendedores altamente motivados num mercado que favorecia o vendedor. Indaguei qual a necessidade do plano e ele respondeu: "Para que tenham um incentivo". Quando retruquei que os vendedores já estavam altamente motivados e não pareciam precisar de incentivo, ele adotou um outro raciocínio e disse que a empresa queria que seu sucesso fosse compartilhado para manter o pessoal de vendas identificado com a mesma e expressar seu reconhecimento pela contribuição dos vendedores.

Indaguei: "Por que não deixar que a premiação pelo desempenho seja estabelecida por eles?". Minha pergunta o deixou pasmo; obviamente, caso a decisão fosse entregue aos vendedores, quem precisaria dele? Na opinião do gerente, um aspecto fundamental do seu papel era incentivá-los permanentemente, precisassem ou não.

Numa fabricante de plásticos, um plano de bônus por desempenho para gerentes de escalão médio revelou-se altamente insatisfatório. Executivos graduados da empresa, frustrados com o fracasso de iniciativas bem-intencionadas e decididos a seguir os preceitos da administração participativa, envolveram um grande número de pessoas no desenvolvimento de um novo plano: executivos de marketing, pessoal de controle, recursos humanos, entre outros — a rigor, todos, menos os gerentes que receberiam os bônus. Agora a cúpula da empresa está perplexa, pois o novo plano revelou-se tão insatisfatório quanto o anterior, e está ressabiada, pois o modelo participativo não deu resultado.

Uma outra pista é o enfoque adotado nas reuniões da empresa. Algumas servem para acirrar a competitividade entre as divisões. Outras pendem fortemente para o lado da exortação e da inspiração. Contrapondo-se a esses enfoques, há aquelas que visam a conscientizar as pessoas dos problemas e a planejar como enfrentá-los.

Ação em grupo. Todo programa de objetivos e avaliação deve incluir definição de metas do grupo, definição em grupo de tarefas individuais e coletivas, avaliação em grupo de suas realizações, avaliação em grupo da contribuição de cada membro ao trabalho do grupo (sem usar tal avaliação como base para a compensação) e compensação compartilhada baseada no relativo sucesso alcançado nas tarefas em grupo. Os objetivos devem incluir metas de longo e curto prazos.

A lógica é simples. Todo cargo gerencial é uma tarefa interdependente. Gerentes têm responsabilidades entre si, como também com os seus superiores. O propósito de uma organização é a possibilidade de realizar mais em conjunto do que cada um faria sozinho. Por que, então, destacar e premiar apenas o desempenho individual, com base em descrições estáticas de cargos? Esta abordagem leva as pessoas necessariamente a metas autocentradas e incorretas.

Portanto, sempre que as pessoas estão em relações complementares, reportem-se ou não a uma mesma chefia, seria o caso de formalizar a definição de metas tanto horizontais quanto verticais, com oportunidades regulares e freqüentes de revisão de problemas e progressos. Todos deveriam ajudar-se mutuamente na definição e descrição dos respectivos cargos, reforçando o controle e a integração a ponto de transformá-los em ação.

> ***Todo programa de avaliação e administração por objetivos deve incluir a avaliação periódica do gerente pelos subordinados e a análise desta pelos superiores do gerente.***

A meu ver, por exemplo, um grupo de gerentes (vendas, promoção, publicidade) subordinados a um vice-presidente de marketing deveria formular suas metas coletivas e estabelecer meios de todos colaborarem entre si e avaliarem a eficiência uns dos outros na tarefa comum. A avaliação em grupo do trabalho de cada gerente deveria ser um meio de dar a cada um feedback construtivo, e não de definir a remuneração. No entanto, além do salário, cada um deveria receber um retorno com base na ação do grupo, retorno este integrado a qualquer compensação adicional oferecida.

A discussão em grupo, tanto interna quanto com o superior, deveria incluir o exame dos entraves organizacionais e ambientais para a consecução da meta, sobretudo no tocante a apoios organizacionais e de liderança necessários à conquista dos objetivos. Isso é importante porque muitas vezes as pessoas acreditam haver barreiras onde não existiriam caso alguém agisse ("Quer dizer que o presidente quer mesmo que a gente se junte para resolver o problema?").

É importante também porque, quando o alto escalão define metas, freqüentemente não tem idéia dos entraves substanciais à sua consecução, o que provoca uma atitude cínica nos gerentes. Por exemplo, se não há nenhum programa de apoio ou orientação abrangente que facilite a adaptação de novos funcionários, fazer pressão sobre os gerentes de escalão inferior para empregar pessoas de minorias desfavorecidas e reduzir sua rotatividade só pode ser visto por esses gerentes como brincadeira de mau gosto.

Avaliação dos avaliadores. Todo programa de avaliação e administração por objetivos deve incluir a avaliação periódica do gerente pelos subordinados e a análise, pelo superior do gerente, dessas apreciações. Estas devem servir de base para recompensar o desempenho específico de cada gerente no desenvolvimento dos seus subordinados. Está implícito na própria expressão "subordinado a" que, embora o gerente tenha responsabilidades, o seu superior também é responsável por aquilo que o gerente faz e como o faz.

Tanto o senso comum quanto a pesquisa atestam que a influência externa isolada mais importante sobre o desempenho de um gerente é seu superior. Se assim for, o principal fator ambiental do bom desempenho das tarefas e do crescimento gerencial é a relação entre o gerente e seu superior.

Os objetivos, portanto, deveriam incluir não só as metas pessoais e ocupacionais de cada gerente mas também as metas corporativas compartilhadas por ele e seu superior. Ambos devem, em conjunto, avaliar seu relacionamento à luz tanto das metas individuais do gerente quanto dos objetivos em comum, rever o que ambos realizaram juntos e discutir as implicações disso para as próximas ações em comum.

É muito raro um gerente estar na posição de avaliar o desempenho geral de um superior. Tal gerente pode, porém, avaliar até que ponto o superior contribuiu para seu desempenho no cargo, até que ponto o superior está contribuindo para proporcionar-lhe maior proficiência e visibilidade, que problemas lhe são causados pelo superior e que tipo de apoio poderia ser útil para o superior. Tal feedback atende a diversos propósitos.

Acima de tudo, ele proporciona ao superior uma noção do seu próprio desempenho gerencial. Além disso, e sobretudo quando o gerente está protegido pela revisão da sua avaliação no escalão mais elevado, ele dá ao supervisor um feedback direto a respeito do seu próprio comportamento. É algo muito mais construtivo do que queixas pelas costas ou entrevistas finais explosivas, nas quais não há espaço nem para autodefesa nem para ação corretiva. Todo consultor profissional tem, entre seus clientes, executivos recém-demitidos que não sabiam a que atribuir o fato de sua demissão se dar por incapacidade de comando quando eram, segundo informam, tão bem-vistos pelos subordinados. Os gerentes deveriam ser os maiores interessados em saber como são avaliados pelos que comandam.

A consideração básica

Quando existem efetivamente as três condições organizacionais que acabamos de ver, pode-se pensar em implantar uma administração por objetivos levando-se em conta os objetivos pessoais do funcionário; numa organização em que o subordinado é encarado no fundo como mero objeto, certamente não faz o menor sentido partir da pessoa. Tampouco faz sentido tentar incutir confiança nos superiores se não há nenhuma preocupação em resguardá-los da competição nem de evitar que sejam jogados uns contra os outros. Em tais circunstâncias, alguém que manifestasse temores pessoais e desejos íntimos estaria bancando o otário.

Por motivos que já foram aqui enumerados, essas preocupações deveriam, em toda empresa, servir legitimamente de base para a definição de objetivos individuais. Isso porque a consideração fundamental de ordem gerencial deve necessariamente contemplar a seguinte questão: “Como conciliar os objetivos individuais com os organizacionais?". Se uma intenção primordial da administração por objetivos é aliciar o comprometimento automotivado do indivíduo, então tal comprometimento deve ser oriundo do desejo do indivíduo em abraçar as metas da organização; caso contrário, o comprometimento será puramente acessório a quaisquer desejos pessoais.

A consideração fundamental de ordem gerencial deve necessariamente contemplar a seguinte questão: "Como conciliar objetivos individuais com organizacionais?".

Dito isto, começam as reais dificuldades. Como é possível que um superior conheça metas e desejos pessoais de um subordinado se nem este — como é o caso da maioria de nós — os conhece direito? Até que ponto será ético um superior meter-se na vida pessoal de um funcionário? Como evitar que o superior forme uma opinião negativa de alguém que está se desinteressando do trabalho ou que não se identifica totalmente com a empresa? Como poderá o superior evitar que essa informação influa no seu julgamento a respeito da pessoa ou nas oportunidades que poderia vir a oferecer a ela? Com que freqüência as metas pessoais, sobretudo na meia-idade, não seriam fantasias temporárias que mais conviria guardar para si mesmo? Será um superior não-formado em psicologia capaz de lidar com tais informações de modo construtivo? Não será ele capaz de atrapalhar mais que ajudar?

Estas são questões da maior importância, que merecem cuidadosa reflexão. Minhas respostas devem ser tomadas apenas como passos iniciais, nada além disso.

Conceitos do ego. A vida é um constante processo de adaptação. Metas, desejos e aspirações de um indivíduo estão sempre evoluindo, estão sempre sendo modificados pelas experiências. É por isso que o indivíduo tem tanta dificuldade de definir objetivos pessoais concretos.

No entanto, cada um de nós carrega dentro de si um mapa, uma imagem perfeita de si mesmo no futuro. Os psicólogos chamam isso de *ego ideal*. O ego ideal congrega os valores da pessoa, as expectativas que terceiros, inclusive os pais, tiveram no passado diante de suas competências e habilidades, os comportamentos favoritos da pessoa. Ego ideal, no fundo, é o que a pessoa pensa que deve ser. O ego ideal é em grande parte inconsciente, mais um motivo para que seja pouco claro.

Auto-exame dos subordinados. Embora normalmente não saibam definir o seu ego ideal, as pessoas podem discorrer sobre experiências que foram extremamente gratificantes, até inebriantes. Sabem exatamente quais experiências, em geral raras, fizeram com que se sentissem de bem consigo mesmas. Quando alguém tem a oportunidade de discorrer sobre coisas que, na realidade ou na imaginação, são sentidas como especialmente gratificantes, está tocando em elementos centrais do seu ego ideal.

Quando as pessoas encontram sucessivas oportunidades de discorrer sobre essas experiências e desejos, é possível que comecem a soletrar para si mesmas a força central que as impulsiona na vida. Relembrando todas as escolhas ocupacionais que fizeram, e os motivos pelos quais as fizeram, podem começar a atinar com tudo que tais escolhas têm em comum e, por conseguinte, com o que faz a sua personalidade vibrar. À medida que isso se torna mais claro, sentem-se mais aptas a pesar alternativas em função dos seus traços de personalidade preponderantes.

Por exemplo, alguém que optou sucessivamente por alternativas ocupacionais que exigiam forte competitividade individual, e cujas experiências mais gratificantes tenham sido derrotas impostas a adversários ou problemas solucionados individualmente, provavelmente não se sentirá gratificado ocupando uma posição administrativa, por mais apetitoso que seja o salário ou o título do cargo. O ideal dessa pessoa é o de alguém competitivo e vitorioso.

O conceito importante aqui é que o indivíduo não precisará definir metas concretas num ponto determinado; o melhor, tanto para ele quanto para a organização, é proporcionar-lhe a chance de falar e tornar a falar, reiteradamente, a respeito dos seus pensamentos e sentimentos pessoais em relação ao trabalho. Nesse processo, legitimam-se a conscientização dos seus sentimentos e a sua verbalização no contexto profissional, que vão servir de esteio ao seu relacionamento com a organização.

Ouvir um subordinado e ajudá-lo a verbalizar o que e como ele se sente não significa fazer nada com o subordinado; portanto, esse processo de auto-avaliação não pode prejudicar ninguém. Tanto para o funcionário quanto para o superior, esse material serve como um critério que permite examinar como sentimentos e metas pessoais do funcionário — por mais tênue que seja a sua percepção a respeito dessas metas — relacionam-se com as metas organizacionais. Mesmo quando há desejos e aspirações que são pura fantasia e impossíveis de gratificar, o fato de poder falar sobre eles sem ser motivo de chacota permite à pessoa compará-los com as realidades da sua vida e fazer escolhas mais razoáveis.

Nunca é fácil para um gerente, pelos motivos já expostos, conversar sobre as suas metas, nem mesmo quando o ambiente organizacional é extremamente seguro. Por mais bem-intencionado que seja um supervisor, é improvável que tenha grandes habilidades como entrevistador. Estes dois fatos poderiam apontar para a futilidade de quaisquer tentativas de vasculhar as metas pessoais de um subordinado. Mas não penso assim.

O importante não é o teor específico do que se diz, mas a natureza do relacionamento entre o superior e o subordinado, a qual permite, com segurança, explorar os sentimentos e levar em consideração primeiro o individual. Nenhuma outra circunstância parece tão propícia para que o subordinado e o superior venham a desenvolver uma boa sintonia entre funcionário e organização.

Introspecção do superior: o relacionamento funcionário-organização exige também algum grau de introspecção por parte do superior. Suponhamos que este se orgulhe de ter contribuído para formar um jovem e brilhante gerente que, ele acaba de saber, está cogitando mudar de área. Como evitar a sensação de raiva e decepção? Como lidar com o conflito que agora enfrenta na hora de recomendar uma promoção ou um aumento salarial?

O superior não tem como evitar a raiva e a decepção, que são naturais nessas circunstâncias. Ele pode mostrar-se decepcionado com seu protegido sem criticá-lo. Mas, se a raiva persistir cabe-lhe indagar a si mesmo por que toda essa irritação diante do fato de alguém dar um grito de independência. As promoções e os aumentos salariais deveriam continuar baseados em premissas tão realistas quanto antes.

É claro que nessa altura convém discutir com a pessoa se — considerando seus sentimentos — ela está disposta a assumir o ônus de uma responsabilidade maior e se tem como apresentar um desempenho razoável. Se a pessoa achar que sim, e realmente puder, é provável que assuma a nova responsabilidade com redobrado afinco. Tendo tratado abertamente do seu conflito envolvendo a escolha ocupacional, e tendo reduzido a sua sensação de culpa, o compromisso com a alternativa escolhida promete ser mais intenso. Quando um funcionário ganha um aumento salarial, deve recebê-lo. Negá-lo é uma punição e recoloca o relacionamento na base da recompensa-castigo.

A questão de até que ponto será ético promover essas discussões no contexto de uma situação profissional depende do clima da organização e do senso pessoal de responsabilidade de cada executivo. Em organizações onde o etos envolva fomentar a confiança e preservar o sigilo, nada impede que um executivo seja tão ético quanto um advogado ou um médico.

Se o executivo não for uma pessoa confiável no relacionamento com seus subordinados, não terá deles nem respeito nem confiança; nesse caso, o processo regular de avaliação da APO será apenas um mecanismo de pressão da gerência. Se o etos da organização envolver uma competição interna selvagem, com calúnias e desconfiança, não faz sentido falar em automotivação, anseios humanos ou comprometimento.

Da maneira como são tipicamente praticados, os processos de administração por objetivos e avaliação de desempenho são inerentemente fadados a fracassar no longo prazo por estarem fundados numa psicologia de recompensa-castigo que serve para intensificar a pressão sobre o indivíduo e que na realidade abre um limitadíssimo leque de objetivos. Esses processos podem ser aprimorados se seus pressupostos psicológicos subjacentes forem revistos e ampliados para incluir a avaliação em grupo e a avaliação das chefias pelos subordinados e se as metas pessoais forem consideradas primeiro. Estas práticas exigem na organização um alto grau de padrões éticos e de responsabilidade pessoal.

Tais processos de avaliação atenuariam a sensação dos superiores de que a avaliação é um ato hostil e destrutivo. O superior continuaria a ter de julgar, junto com o subordinado, o desempenho individual deste último, mas isso se daria num permanente contexto de consideração às necessidades pessoais e de reavaliação das realidades organizacionais e ambientais.

Quando o gerente não precisa estar sempre na defensiva e percebe que a organização está genuinamente interessada em atender metas tanto pessoais quanto organizacionais, ele se sente mais livre para avaliar a si mesmo no contexto do que precisa ser feito. A sensação do gerente de estar sendo avaliado, atacado ou julgado isoladamente à luz do sistema se dissiparia porque haveria muitos outros referenciais para ajudá-lo a definir metas tanto horizontais quanto verticais. Além do mais, haveria uma multiplicidade de formas de contribuir com idéias e de meios para influir tanto horizontalmente quanto nos escalões superiores.

Nesse contexto, o gerente também poderia expor as suas dúvidas e preocupações quanto a aspectos qualitativos do desempenho. O que então lhe permitiria, ao lado de colegas e superiores, agir para solucionar os entraves sem precisar pensar exclusivamente nas estatísticas. Esse processo contínuo de interação serviria para contrabalançar o problema da descrição estática de cargos e ofereceria múltiplas vias para feedback acerca do desempenho e da ação conjunta.

Nesse clima organizacional, as relações de trabalho se tornariam redes dinâmicas de realizações tanto pessoais quanto organizacionais. Um ganho não-secundário desse processo seria a maior probabilidade de os problemas serem resolvidos nos escalões mais baixos possíveis, desonerando os superiores tanto do costumeiro jogo de empurra-empurra, em que a responsabilidade é sempre atribuída aos outros, quanto do fardo de promotores da hostilidade.

Notas

1. "An Uneasy Look at Performance Appraisal," HBR May–June 1957, p. 89 (reimpresso como Clássico HBR, September–October 1972).
2. Vide artigo "On Being a Middle-Aged Manager," HBR July–August 1969, p. 51, de minha autoria.
3. Ronald J. Burke e Douglas S. Wilcox, "Characteristics of Effective Employee Performance Reviews and Developmental Interviews", *Personal Psychology,* Vol. 22, n. 3, 1969, p. 291.

Originalmente publicado em janeiro de 2003.
Reimpressão R0301H–P.

O poder é o grande motivador

David C. McClelland e David H. Burnham

Ao contrário do que diz a opinião popular, os melhores gerentes são os que gostam do poder — e o utilizam.

A maioria dos artigos sobre motivação publicados na HBR é direcionada a gerentes e trata de pessoas a eles subordinadas. Curiosamente, os autores dos textos presumem que a motivação dos próprios gerentes — ou seja, de nossos leitores — está de tal maneira alinhada a objetivos organizacionais que dispensa uma análise. David McClelland e seu colega David Burnham discordavam.

A dupla classificou os gerentes em três categorias motivacionais. Os do primeiro grupo, chamado afiliativo, dão primazia à aceitação alheia, deixando realizações concretas em segundo plano. Tomam decisões visando se tornarem mais populares, e não promover os objetivos da organização. Indivíduos motivados pela necessidade de realizar — o segundo grupo — não se preocupam com o modo como são vistos pelos outros. Concentram-se em estabelecer metas e cumpri-las, mas colocam a realização e o reconhecimento próprios em primeiro lugar. Os do terceiro grupo — gerentes institucionais — interessam-se sobretudo pelo poder. Por acreditarem que alguém consegue agir dentro de grandes empresas só ao exercer influência sobre aqueles à sua volta, essas pessoas amealham poder por meio da ascendência, e não de realização individual. Indivíduos nessa terceira categoria são os mais eficazes e seus subordinados diretos têm maior senso de responsabilidade, enxergam claramente os objetivos da organização e demonstram mais espírito de equipe.

O que gera — ou motiva — um bom gerente? A pergunta tem alcance vasto. Há quem diga que o bom gerente é aquele que é bem-sucedido — e, atualmente, a maior parte dos teóricos da administração e dos homens e mulheres de negócios já sabe o que motiva quem administra com sucesso uma pequena empresa própria. A chave desse sucesso é o que a psicologia chama de necessidade de realização, o desejo de fazer algo de maneira melhor ou mais eficiente do que já se fez. Vários livros e artigos resumem estudos conduzidos para explicar como o desejo de realização é um fator necessário para que alguém obtenha sucesso.

Mas qual seria a relação entre impulso realizador e bom gerenciamento de empresas? Não há razões, no âmbito teórico, que justifiquem o fato de um indivíduo com forte necessidade de ser eficiente vir a se revelar, também, um bom gerente. Embora isso possa sugerir que todos deveriam ter o ímpeto realizador, na prática, conforme psicólogos definem e avaliam a necessidade de realização, o anseio de realizar leva as pessoas a se comportarem de maneiras que não redundam necessariamente em boa gestão.

Um motivo é que, já que enfatizam o aperfeiçoamento pessoal, profissionais motivados pela realização normalmente querem fazer tudo sozinhos. Além disso, querem feedback concreto e rápido sobre seu desempenho para poderem calcular o próprio êxito. Só que um gerente, principalmente em organizações complexas e de grande porte, não pode cumprir sozinho todas as tarefas necessárias para o sucesso. Precisa gerenciar terceiros de forma que trabalhem para a organização e aceitar o fato de que o feedback não será pessoal nem imediato, uma vez que as tarefas estão distribuídas entre várias pessoas.

A função do gerente parece exigir, antes, alguém capaz de influenciar os outros, e não indivíduos que trabalhem melhor sozinhos. Em termos motivacionais, portanto, é de esperar que o gerente de sucesso tenha mais necessidade de poder do que de realização. Deve haver, porém, outros atributos necessários à formação de um bom gerente. Analisaremos aqui quais são tais atributos e sua inter-relação.

A fim de medir a motivação de gerentes, estudamos o perfil de vários executivos de grandes empresas americanas que participavam de workshops para melhorar o nível de eficiência administrativa (veja o quadro "Técnicas de workshop"). Concluímos que o principal executivo de uma empresa precisa ter uma alta necessidade de poder — em outras palavras, uma preocupação em influenciar pessoas. Tal necessidade, porém, deve ser disciplinada e controlada para agir em benefício da instituição como um todo, e não apenas para o engrandecimento pessoal do gerente. Além disso, o anseio pelo poder do gerente deve ser maior que sua necessidade de ser benquisto.

Avaliação da eficiência administrativa

O que significa dizer que o bom gerente tem necessidade maior de poder do que de realizações? Tomemos o caso de Ken Briggs, gerente de vendas de uma grande empresa americana que participou de um de nossos workshops de gestão (os nomes e outros detalhes relativos aos casos que se seguem foram alterados). Há cerca de seis anos, Briggs foi promovido a um cargo de gerência na matriz e tornou-se responsável pela equipe de vendas que atendia as maiores contas da empresa.

Ao responder a um questionário durante o workshop, Briggs demonstrou saber perfeitamente o que dele se esperava no trabalho: influenciar o sucesso dos outros mais do que tentar atingir objetivos próprios e do que relacionar-se com os subordinados. Entretanto, quando lhe foi pedido, como também a outros participantes do workshop, que relatasse por escrito uma história envolvendo uma situação profissional, Briggs inadvertidamente revelou que, de fato, não partilhava daquelas idéias. E mais: descobriu que sentia muita necessidade de realização — classificou-se no percentil 90 — e que a de poder era baixa, na faixa do percentil 15. A alta necessidade de realização não surpreendeu — afinal, Briggs fora um vendedor bem-sucedido —, mas obviamente seu desejo de influenciar os outros estava muito abaixo do exigido pelo cargo. Briggs ficou ligeiramente perturbado, mas achou que talvez faltasse precisão aos instrumentos de avaliação e que a distância entre o resultado ideal e a sua classificação não devia ser tão grande quanto parecia.

Então veio a grande surpresa. Os subordinados de Briggs confirmaram o que seu relato já revelara: ele *era* um gerente fraco e causava mínimo impacto positivo sobre aqueles abaixo dele. Os subordinados achavam que ele delegava poucas responsabilidades. Nunca os premiava, só os criticava. O departamento era desorganizado, confuso, caótico. Em todos esses quesitos, o departamento foi classificado no percentil de 10 a 15 à luz de critérios nacionais.

Ao analisar em privado os resultados do levantamento com um dos gerentes do workshop, o gerente ficou mais e mais perturbado. Concordou, no final, que os resultados confirmavam sentimentos que ele temia admitir para si mesmo ou para terceiros. Durante anos, Briggs sentira-se muito mal no papel de gerente. Agora entendia o motivo: ele simplesmente não queria, e tampouco conseguira, influenciar ou gerenciar os outros. Ao olhar para trás, percebeu que havia fracassado em todas as tentativas que empreendeu para influenciar a equipe. Sentiu-se pior do que nunca.

Briggs reagira às dificuldades com a adoção de padrões elevadíssimos de desempenho — seu departamento se encaixou no percentil 98 nesse quesito — e tentando fazer quase tudo sozinho, algo praticamente impossível. Sua própria atividade, somada à falta de delegação de tarefas, desmoralizara os colegas. Trata-se de uma experiência típica de quem possui forte necessidade de realização mas pouca necessidade de poder. Alguém assim pode se tornar um vendedor altamente bem-sucedido e, conseqüentemente, ser promovido a cargos de gerência para os quais, ironicamente, é inadequado.

Técnicas de workshop

Os estudos de caso e os dados constantes deste artigo foram extraídos de uma série de workshops que conduzimos, durante os quais gerentes puderam aprender mais sobre seus estilos de comandar e suas próprias habilidades, além de como mudar. Os workshops também nos deram a oportunidade de determinar quais padrões motivacionais estão associados aos melhores gerentes. Nos workshops, e também no artigo, utilizamos os termos técnicos "necessidade de realização", "necessidade de afiliação" e "necessidade de poder". Tais termos referem-se a fatores mensuráveis que indicam a motivação em grupos e indivíduos. Essas características são quantificadas por meio da codificação de respostas espontâneas dos participantes segundo a freqüência com que estes cogitam em fazer algo de modo mais eficiente do que antes (necessidade de realização), em estabelecer ou manter relações amistosas com os outros (necessidade de afiliação) ou em provocar um impacto sobre os outros (necessidade de poder). Quando dizemos "poder", não estamos nos referindo ao poder ditatorial, mas à necessidade de ser forte e influente.

Assim que iniciavam o workshop, os participantes tinham de responder a um questionário sobre os respectivos postos. Cada gerente analisou seu trabalho e explicou quais eram, na sua opinião, os requisitos do cargo ocupado. A seguir, tiveram de redigir diversas histórias com base em fotos que ilustravam situações distintas de trabalho. As narrativas eram codificadas de acordo com o nível de preocupação do indivíduo com realização, afiliação ou poder, além de considerar o nível de inibição ou autocontrole demonstrado. Os resultados eram, então, comparados com normas nacionais. As diferenças entre os requisitos de um cargo e os padrões motivacionais do profissional costumam ajudar a determinar se a pessoa está no emprego certo, se é candidata a uma promoção ou se tem capacidade de se ajustar para continuar no cargo atual.

Para definir o estilo administrativo dos participantes, aplicamos outro questionário, em que precisavam decidir como reagiriam em várias situações reais de trabalho. As respostas foram divididas em seis categorias de administração, segundo a maneira como eram abordadas as situações de trabalho. Os estilos foram classificados como "democrático", "afiliativo", "marcador de ritmo", "instrutor", "coercitivo" e "autoritário". Em seguida, os gerentes teceram comentários sobre a eficácia de cada estilo e escolheram a categoria que preferiam.

Um método utilizado para determinar a eficiência de gerentes é consultar aqueles que trabalham para os mesmos. Assim, para isolar as características exibidas pelos bons profissionais, conversamos com pelo menos três subordinados de cada participante do workshop e fizemos perguntas sobre situações de trabalho que pudessem revelar características do chefe, segundo seis critérios: 1) nível de conformidade com regras exigido pelo supervisor; 2) grau de responsabilidade que os subordinados sentiam possuir; 3) ênfase colocada pelo departamento em padrões de desempenho; 4) nível de reconhecimento por serviço bem realizado em comparação com atos punitivos quando algo dá errado; 5) nível de clareza organizacional do departamento; e 6) espírito de equipe.[1] Os gerentes que receberam dos funcionários as maiores notas no quesito moral (clareza organizacional somada a espírito de equipe) foram considerados os melhores gerentes, donos dos padrões motivacionais mais desejáveis.

Voltamos a entrevistar os subordinados dali a seis meses para observar se o moral havia subido depois da conclusão do workshop.

Avaliamos os participantes segundo outra característica tida como importante para a boa gestão: maturidade. Ao codificar as narrativas redigidas pelos gerentes, que revelavam sua posição diante da autoridade e as emoções que se manifestaram em situações específicas, conseguimos encaixar os gerentes em um dos quatro estágios de seu processo rumo à maturidade. As pessoas colocadas no estágio 1 dependem dos outros para orientação e força. Quem está no estágio 2 interessa-se principalmente por autonomia. No estágio 3, o indivíduo quer manipular os outros. No estágio 4, perde os desejos de egolatria e quer servir os outros de modo altruísta.[2]

As conclusões apresentadas neste artigo se baseiam em workshops freqüentados por mais de 500 gerentes de cerca de 25 empresas americanas. Os exemplos citados nos gráficos foram tirados de uma dessas companhias.

1. Toma por base *Motivation and Organizational Climate* (Harvard University Press, 1968), de G.H. Litwin e R.A. Stringer.
2. Toma por base o trabalho de Abigail Stewart, conforme relatado em *Power: The Inner Experience* (Irvington Publishers, 1975), de David C. McClelland.

Se o impulso realizador, por si só, não forma um bom gerente, o que formaria? Não basta suspeitar que o gosto pelo poder seja importante; é preciso evidência inconteste de que os indivíduos que se revelam melhores gerentes do que Briggs são, realmente, mais motivados pelo poder e, talvez, obtenham pontuação superior em outros quesitos do estudo. Mas como definir quem é o melhor gerente?

É difícil obter medidas de desempenho em situações reais quando se trata de classificar a eficiência administrativa em áreas como produção, marketing, finanças e desenvolvimento e pesquisa. Ao tentar determinar quem eram os melhores gerentes da empresa de Ken Briggs, evitamos nos basear somente nos seus superiores hierárquicos. Por diversas razões, o julgamento que um superior faz do desempenho real do subordinado pode ser impreciso. Na falta de medidas padronizadas de desempenho, decidimos que o melhor índice de eficiência administrativa disponível era o clima criado no ambiente de trabalho e o conseqüente reflexo no moral dos funcionários.

Um bom gerente, por definição, é aquele que, entre outras coisas, ajuda os subordinados a se sentirem fortes e responsáveis, premia adequadamente o bom desempenho e organiza o trabalho de forma que os subordinados sintam que sabem o que é preciso ser feito. Acima de tudo, o gerente deve promover entre os comandados um forte senso de espírito de equipe, de orgulho de pertencer a um grupo. Se o gerente cria e estimula esse espírito, os subordinados certamente apresentam desempenho melhor.

Na empresa em que Briggs trabalha, detectamos indícios da ligação direta entre moral e desempenho na única área em que é fácil mensurar resultados: vendas. Em abril de 1973, pelo menos três funcionários de cada um dos dezesseis distritos de vendas da empresa responderam a questionários de avaliação do departamento em termos de clareza organizacional e espírito de equipe. Com base nas médias obtidas, calculou-se um valor geral para o nível de moral de cada departamento. Os percentuais de ganho e perda das vendas em 1973 foram então comparados com os de 1972 em cada distrito. A diferença nas cifras de vendas, por distrito, variou de um aumento de quase 30% a um recuo de 8%; na média, houve crescimento de 14%. O gráfico "Relação entre moral e vendas" mostra como, ao menos na empresa de Briggs, um moral alto no início do ano tornou-se um bom indicador do desempenho da divisão de vendas ao longo do ano. Além disso, tudo indica que o gerente que consegue elevar o moral da equipe de vendas pode fazer o mesmo para funcionários de outras áreas (produção, projeto etc.), o que leva a um melhor desempenho global. Que características, então, um gerente precisa possuir para criar tal estado de espírito?

O fator poder

Para obter a resposta, entrevistamos mais de 50 gerentes de unidades com variados níveis de moral de uma grande empresa. A pesquisa abrangeu todos os departamentos da companhia. Descobrimos que o índice de motivação pelo poder da maioria — mais de 70% — dos gerentes era superior ao identificado na média das pessoas. O resultado confirma a tese de que a motivação pelo poder é importante para a administração (vale lembrar que a expressão "motivação pelo poder" aqui se refere não a um comportamento ditatorial, mas a um desejo de causar impacto, de ser forte e influente). Nesse quesito, e segundo o moral dos subordinados, os melhores gerentes tendiam a apresentar notas ainda mais altas. Mas o fator de maior importância, determinador do moral elevado, traduziu-se não na comparação entre necessidade de poder e necessidade de realização, mas na constatação de que a necessidade de poder superava a de ser benquisto pelos outros — o que se observou em 80% dos indivíduos considerados bons gerentes de vendas mas em apenas 10% daqueles tidos como ineficazes. O mesmo foi válido para profissionais de praticamente todas as demais áreas da organização.

Nos departamentos de pesquisa, desenvolvimento de produto e operações, 73% dos melhores gerentes expressaram mais necessidade de poder do que de serem admirados, contra apenas 22% dos gerentes de desempenho fraco, que tendem a se encaixar na categoria de afiliativos — aqueles cuja força motriz é se sentir queridos. Por que isso acontece?

Sociólogos há muito afirmam que, para uma burocracia funcionar de forma eficaz, os responsáveis por sua administração devem aplicar as normas de maneira universal; ou seja, se são feitas exceções para atender a necessidades individuais, o sistema todo desanda. O gerente com alta necessidade de aceitação é justo aquele que busca ficar em bons termos com todos e, em conseqüência, mais provavelmente abre exceções a necessidades individuais. Se um funcionário pede folga para ficar em casa e cuidar do cônjuge doente e dos filhos, o gerente afiliativo se compadece da situação do subordinado e concorda, quase sem considerar a questão. Quando o ex-presidente americano Gerald Ford comentou, ao perdoar Richard Nixon, que o mesmo "sofrera o bastante", comportou-se como um gerente afiliativo, solidarizando-se primordialmente com as necessidades e os sentimentos de Nixon.

A teoria sociológica e as nossas descobertas indicam, entretanto, que um indivíduo com alta necessidade de afiliação não pode se transformar em bom gerente. Esse tipo de pessoa gera baixos níveis de moral por não entender que outros funcionários no trabalho enxergarão as exceções às regras como injustiças para si próprios, do mesmo modo que muitos cidadãos americanos consideraram injusto isentar Nixon e punir terceiros menos envolvidos do que o ex-presidente no escândalo de Watergate.

Até aqui, nossas revelações são algo alarmante. Sugerem elas que o bom gerente é aquele que tem apego ao poder mas não dá a menor importância às necessidades dos outros? Não, pois o bom gerente possui outras características que devem ser levadas em conta. Acima de tudo, a motivação pelo poder do bom gerente não é direcionada ao engrandecimento próprio, mas à instituição a que serve.

Em outro importante trabalho de pesquisa, descobrimos que os sinais de ação controlada ou inibição manifestados quando a pessoa exercita a imaginação redigindo histórias dizem muito sobre o tipo de poder de que ela precisa.[1] Nos casos em que um alto índice de motivação pelo poder é contrabalançado por um alto índice de inibição, as narrativas tendem a ser altruístas, descobrimos. Ou seja, os heróis do texto exercem o poder em nome de terceiros. É a face socializada do poder, distinta da preocupação com o poder pessoal, que é característica de indivíduos cujas histórias vêm carregadas de imagens relativas ao poder mas não deixam entrever marcas de inibição ou autocontrole. Em nosso estudo anterior, levantamos vastos indícios de que esses últimos profissionais exercem o poder de forma impulsiva. Com freqüência, destratam as pessoas, bebem muito, tentam explorar os outros sexualmente, além de colecionar símbolos de prestígio pessoal como carros luxuosos ou amplos escritórios.

Indivíduos com poder e controle elevados, por sua vez, são mais voltados à instituição; tendem a ser eleitos para mais cargos, a controlar a bebida e a desejar servir os outros. Não à toa, nossos workshops demonstraram que os melhores gerentes da organização obtiveram notas elevadas tanto no quesito poder como no inibição.

Três tipos de gerentes

Recapitulemos o discutido até aqui, que foi ilustrado com dados de uma empresa. Os melhores gerentes da amostragem — a quem chamamos *gerentes institucionais* — têm alta motivação pelo poder, baixa motivação afiliativa e alto grau de inibição. Preocupam-se com o poder institucional e o utilizam para incentivar os funcionários a serem mais produtivos. Façamos agora uma comparação entre estes e os *gerentes afiliativos* (gente para quem a necessidade de afiliação é maior do que a de poder) e os *gerentes motivados pelo poder pessoal* (para os quais o ímpeto de poder supera a necessidade de afiliação, mas que apresentam baixo grau de inibição).

Na divisão de vendas da companhia que escolhemos como exemplo, há gerentes que se encaixam com relativa perfeição nas três categorias. O gráfico "Qual gerente é o mais eficiente?" mostra como os subordinados classificaram o departamento em que trabalhavam quanto a atribuição de responsabilidades, clareza organizacional e espírito de equipe. Gerentes que buscam ser benquistos tendem a estar cercados de subalternos que reclamam da falta de responsabilidade individual, acham os procedimentos organizacionais pouco definidos e não sentem orgulho do trabalho realizado pelo grupo. Em resumo, e conforme o esperado, gerentes afiliativos tomam tantas decisões pessoais e intempestivas que praticamente abandonam por completo um procedimento sistematizado. Tal descaso com procedimentos faz com que os subordinados se sintam impotentes, desmotivados e sem pistas sobre o próximo passo, sobre a posição que ocupam perante a gerência e até sobre que funções deveriam estar desempenhando. Nessa empresa, o grupo de gerentes afiliativos ficou abaixo do percentil 40 nas três avaliações do moral da casa.

Os gerentes motivados pela necessidade de poder pessoal são, de certa forma, mais eficientes. Conseguem promover um senso maior de responsabilidade em seus departamentos e, acima de tudo, criar um espírito maior de equipe. Constituem, por assim dizer, o equivalente empresarial de comandantes militares de sucesso como o general americano da Segunda Guerra Mundial George Patton, cuja ousadia inspirava a admiração dos soldados. O gráfico mostra, porém, que esses indivíduos ficam apenas no percentil 40 em termos da clareza organizacional que geram, ao passo que os gerentes institucionais — de motivação pelo poder, baixa motivação afiliativa e elevado grau de inibição — alcançam notas muito maiores.

Relação entre moral e vendas

Quanto mais elevado o moral no início do ano, maiores as vendas ao final dele.

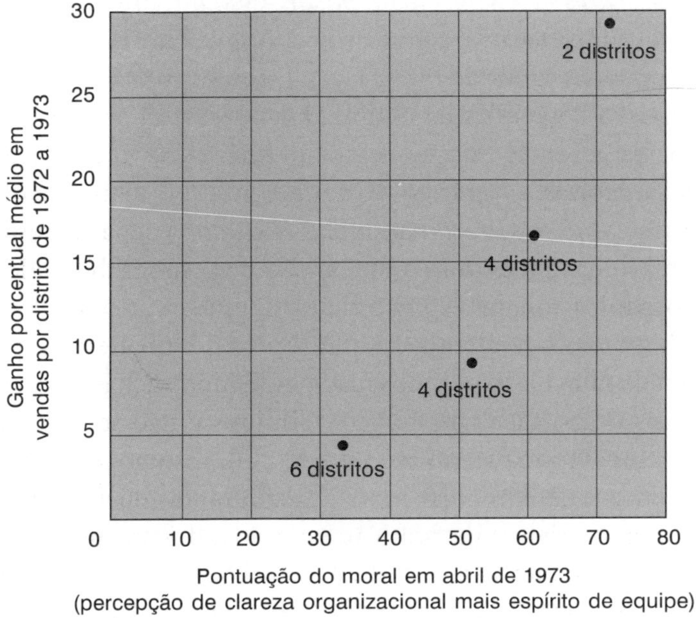

Gerentes motivados pelo poder pessoal não possuem disciplina suficiente para se tornar bons servidores da instituição. Muitas vezes, seus subordinados são leais aos gerentes enquanto indivíduos, e não à organização para a qual trabalham. Quando um gerente com tal perfil deixa a empresa, segue-se não raro uma onda de desorganização. O forte espírito de equipe, pessoalmente inspirado pelo gerente, desfaz-se. Sozinhos, os subordinados já não sabem como agir.

Dentre todos os modelos de liderança, o do gerente institucional é o mais bem-sucedido na criação de uma atmosfera de trabalho eficiente. Os subalternos sentem que lhes é atribuída maior responsabilidade. Além disso, tais gerentes infundem um alto moral ao disseminar maior senso de clareza organizacional e espírito de equipe. Quando uma pessoa com essas características sai da companhia pode ser mais rapidamente substituída. Isso porque os funcionários foram incentivados a ser leais à instituição, e não a um indivíduo em particular.

Parece inegável que um gerente que busca o poder cria um moral melhor entre subordinados do que um gerente que se concentra, antes, nas pessoas. Assim, é preciso considerar que alguma preocupação com o poder é essencial para a liderança eficaz.

Nossas descobertas parecem ir contra a velha e influente corrente da psicologia organizacional segundo a qual a gestão autoritária é o grande mal da maioria das empresas americanas. Acreditamos, francamente, que a imagem ruim do autoritarismo foi usada de maneira errônea para diminuir a importância do poder na administração. Afinal de contas, administrar é um jogo de influências. Alguns defensores da condução democrática dos negócios parecem ter esquecido tal fato e conclamam a chefia a pensar mais nas necessidades pessoais dos indivíduos do que na ajuda que estes podem dar para fazer as coisas funcionarem.

Grande parte da aparente disparidade entre as nossas conclusões e as de outros cientistas do comportamento nessa área vem do fato de estarmos tratando de *motivos*, enquanto os behavioristas costumam tratar de *atos*. A nosso ver, o gerente deve estar interessado em participar do jogo da influência de modo controlado. Isso não significa necessariamente que seja, ou deva ser, autoritário em seus atos. Pelo contrário. Gerentes motivados pelo poder parecem capazes de fazer os subordinados se sentirem fortes, e não fracos. O verdadeiro autoritário na prática causaria efeito oposto, fazendo com que as pessoas se sentissem fracas e impotentes.

Portanto, outro importante ingrediente do perfil de um gerente é o estilo administrativo. Em nosso exemplo, 63% dos bons gerentes (aqueles cujos subordinados tinham moral mais alto) obtiveram notas altas nos quesitos gerenciamento democrático ou *coaching*, contra apenas 22% dos gerentes menos eficientes, que apresentaram estilos administrativos autoritários e coercitivos. Como os melhores gerentes também alcançaram notas maiores no item motivação pelo poder, é possível que, ao agir, expressem tal motivação de forma democrática e com maiores chances de eficácia.

Para observar como motivação e estilo interagem, analisemos o caso de George Prentice, gerente do departamento de vendas de outra empresa. Prentice tinha a combinação perfeita de motivações para ser um gerente institucional: mostrava significativa necessidade de poder, baixo desejo de afiliação e alto grau de inibição. Além disso, exercia o poder de modo controlado e organizado. As histórias que redigiu refletiam esse quadro. Numa delas, por exemplo, diz: "Os homens ao redor da mesa estavam se sentindo muito bem. Haviam acabado de elaborar os planos de reorganização da empresa, que vinha sofrendo com uma série de problemas organizacionais. O grupo, liderado por um jovem gerente brilhante e determinado, reestruturou a companhia por completo, criando novos cargos e responsabilidades..."

Tal descrição correspondia à imagem que a empresa tinha do gerente. Logo depois do workshop, Prentice foi promovido a vice-presidente encarregado de vendas. Ocorre que ele também era conhecido pelos colegas como um monstro, um sujeito durão que "passaria por cima da própria avó", caso a mesma fosse um obstáculo a seu avanço profissional. Prentice possuía a combinação certa de motivações e, de fato, interessava-se mais pelo crescimento institucional do que pelo poder pessoal, mas seu estilo administrativo era equivocado. Inspirado em alguns dos altos gerentes da corporação, dizia às pessoas o que deviam fazer e as ameaçava severamente caso não cumprissem as ordens.

Ao ser confrontado com seu autoritarismo num workshop, Prentice reconheceu que seu estilo era contraproducente — em outra parte do estudo, descobrimos que isso estava associado ao moral baixo — e passou a agir mais como um *coach*, categoria na qual inicialmente obtivera notas baixas. Prentice enxergou com mais clareza que sua função não era obrigar as pessoas a fazer as coisas, mas sim ajudá-las a encontrar meios de executar seu trabalho da melhor forma possível para a empresa.

Perfil do gerente institucional

Algo que facilitou a mudança de estilo administrativo por Prentice foi, como atestam as histórias que criou, o fato de que ele já pensava em ajudar os outros — uma característica de quem possui um padrão motivacional voltado ao crescimento da instituição. Ao estudar em maior detalhe as idéias e os atos de gente comprometida com a instituição, levantamos quatro características principais:

- Gerentes institucionais pensam mais na empresa, ou seja, tendem a se associar a mais organizações e a se sentir responsáveis pelo desenvolvimento destas. Além disso, acreditam fortemente na importância da autoridade centralizada.
- Relatam gostar de trabalhar. Essa descoberta é particularmente interessante porque nossa pesquisa sobre o impulso para a realização levou certos observadores a alegar que esse tipo de motivação celebra a ética protestante do trabalho. A realidade é quase o oposto disso. Pessoas que têm muita necessidade de realização buscam ser mais eficientes para trabalhar menos. Gostariam de ver os mesmos resultados alcançados em menos tempo e com menor esforço. Mas um gerente que precisa do poder institucional parece gostar da disciplina do trabalho — algo que satisfaz seu anseio por executar as coisas de modo ordenado.
- Parecem bem-dispostos a sacrificar interesses próprios pelo bem-estar da organização a que servem.
- Têm aguçado senso de justiça. É quase como se acreditassem que pessoas que trabalham muito e se sacrificam pelo bem da organização deveriam — e irão — receber uma recompensa justa por isso.

É fácil concluir como cada uma dessas quatro características leva alguém a se tornar um bom gerente, preocupado com os objetivos que a instituição pode atingir.

Descobrimos ainda um outro fato ao estudar os melhores gerentes da companhia de George Prentice: eram mais maduros. Um jeito mais simples de descrever uma pessoa madura é dizer que é menos egoísta. Por alguma razão, sua auto-imagem positiva não está em jogo no trabalho. São indivíduos menos defensivos, mais dispostos a pedir o conselho de especialistas e com visão mais ampla. Acumulam menos posses e parecem mais velhos e sábios. É como se tivessem acordado para a constatação de que não viverão para sempre e perdido parte do sentimento de que o próprio futuro é de extrema importância.

Nos negócios americanos, muitos gerentes temem esse tipo de maturidade. A suspeita é que tal característica os torne menos determinados, menos preocupados com a expansão e menos com-

Qual gerente é o mais eficiente?

Subordinados de gerentes com perfis diferentes de motivação registram níveis diferentes de responsabilidade, clareza organizacional e espírito de equipe.

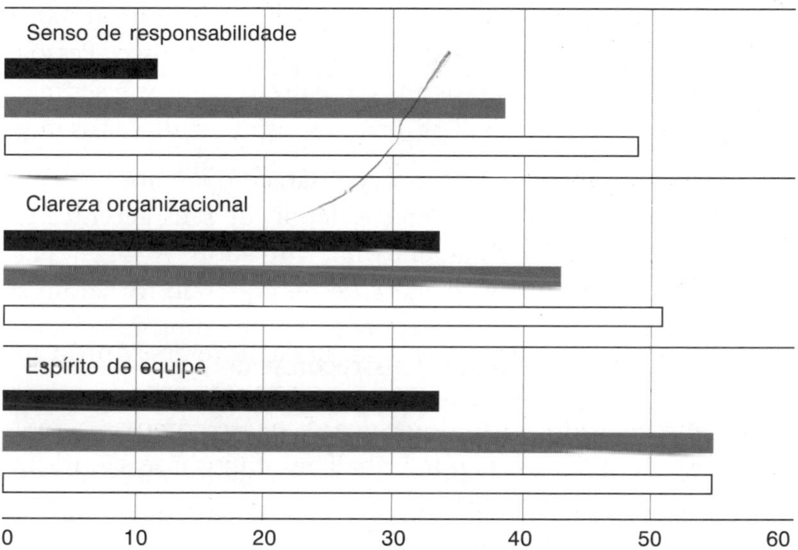

Classificação percentil de pontuações médias em relação a normas nacionais.

Pontuações de pelo menos três subordinados de:

- ■ Gerentes afiliativos (afiliação maior que poder, alta inibição)
- ■ Gerentes de poder pessoal (poder maior que afiliação, baixa inibição)
- □ Gerentes institucionais (poder maior que afiliação, alta inibição)

prometidos com a eficiência da organização. Nossos dados não justificam esses temores.

Eram essas as inquietações de George Prentice antes de realizar o workshop. Depois, ele se tornou um gerente mais eficiente. Isso porque perdeu um pouco do senso de auto-importância que tinha, não o contrário. A razão é simples: os subordinados passaram a acreditar que Prentice se preocupava genuinamente com a companhia — e menos consigo. Gente que antes respeitava a firmeza do chefe, embora o temesse, agora exibe confiança nele. Anteriormente, Prentice alimentava a imagem de "manda-chuva" falando do novo Porsche e do Honda que havia comprado. Quando voltamos a nos encontrar recentemente, ele declarou como que de passagem: "Deixei de comprar coisas".

Mudança de estilo administrativo

George Prentice conseguiu transformar seu estilo administrativo depois de aprender mais sobre si mesmo. Mas será que o autoconhecimento em geral aperfeiçoa o comportamento profissional?

Analisemos os resultados apresentados no gráfico "Gerentes *podem* mudar seu estilo", no qual são comparados os níveis de moral dos funcionários antes e depois de seus gerentes terem participado do treinamento no workshop. A julgar pela reação dos subordinados, os gerentes em questão tornaram-se nitidamente mais eficientes depois de ajustar o próprio estilo. Os funcionários se sentiam mais recompensados, os procedimentos organizacionais ficaram mais claros e o moral subiu.

O que significam essas diferenças em termos humanos? Como os gerentes se transformaram? Em alguns casos, decidiram que era hora de mudar de área. Isso ocorreu com Ken Briggs, por exemplo, que descobriu ser um mau gerente porque tinha pouquíssimo interesse em influenciar os outros. O gerente compreendeu no que precisaria mudar para se sair bem no emprego atual, mas decidiu, com a ajuda dos superiores, que preferiria retomar sua antiga paixão: vendas.

Briggs passou a trabalhar na divisão de saldos, assessorando a rede varejista da empresa na desova de estoques do ano anterior para facilitar o recebimento de novos modelos. E teve alto sucesso nesse novo posto: cortou custos, aumentou o volume em dólares e, passado algum tempo, assumiu um papel independente, vendendo parte do estoque antigo por conta própria, num arranjo consideravelmente satisfatório para a companhia. Além disso, não precisa mais liderar ninguém.

No caso de George Prentice, a mudança exigida era de menor porte. Estava claro que Prentice era um gerente competente e tinha o perfil motivacional adequado para altos cargos na empresa. Promovido, ainda conseguiu melhorar o desempenho ao perceber que precisava se tornar mais positivo na abordagem e menos coercitivo no estilo de gerenciar.

Mas o que fazer com o profissional que não quer mudar de trabalho e descobre que não possui o perfil motivacional adequado para a gerência? O caso de Charlie Blake é esclarecedor. A exemplo de Ken Briggs, Blake tinha pouca motivação pelo poder, necessidade média de realização e motivação afiliativa acima da média. Tinha, portanto, o perfil do gerente afiliativo e, como esperado, o moral entre seus subordinados era muito baixo. Quando descobriu que o senso de responsabilidade e a percepção de recompensa por desempenho entre seus funcionários estavam no percentil 10 e que o espírito de equipe se encaixava no percentil 30, Blake ficou chocado. Ao assistir a um filme em que eram descritos três ambientes administrativos, ele disse preferir aquele que se revelou o mais autoritário. Blake se irritou quando o instrutor do workshop, juntamente com outros participantes, destacou as limitações de seu estilo administrativo. Tornou-se um obstáculo à dinâmica do grupo e se opunha firmemente ao que era ensinado.

Numa entrevista realizada bem depois, o gerente afirmou: "Perdi a calma. Quando comecei a gritar por discordar de você, fiquei ainda mais irritado quando você disse que, segundo meu questionário, poderia apostar que aquele era o modo como eu me dirigia ao meu pessoal de vendas. No fundo, eu sabia que havia algo errado. As vendas do meu departamento não iam tão bem. E grande parte da culpa era minha, não da equipe. É claro que o relato dos subordinados de que eu delegava poucas responsabilidades e absolutamente não os recompensava tinha de significar alguma coisa. Por fim, decidi parar e tentar achar uma solução para o problema. Sabia que precisava começar a agir como gerente em vez de executar tudo sozinho e explodir com as pessoas porque não faziam o que eu achava que deviam fazer. No final, quando consegui me acalmar, na volta do workshop, percebi que não é tão ruim cometer erros; ruim é não aprender com eles".

Depois do curso, Blake colocou seus planos em prática. Passados seis meses, os subordinados tiveram de avaliá-lo novamente. Ele fez um segundo workshop para analisar os resultados. Conta: "Na volta para casa, estava nervoso. Sabia que vi-

Gerentes *podem* mudar seu estilo

Treinamento de gerentes nitidamente eleva moral dos funcionários

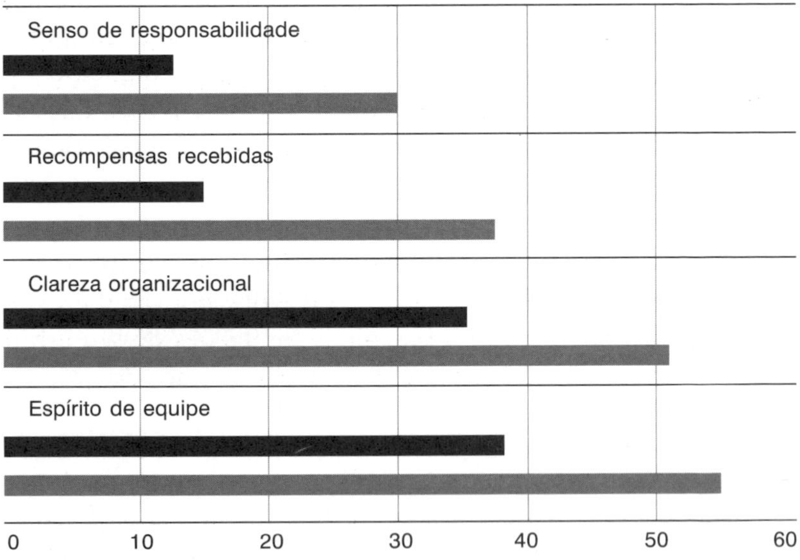

Classificação percentil de pontuações médias de mais de 50 representantes de vendas em determinados quesitos em relação a normas nacionais.

■ Antes do treinamento do gerente ■ Depois do treinamento do gerente

nha trabalhando de fato com esse pessoal, e não apenas tentando me promover; mas temia o que iriam dizer sobre o clima no escritório. Quando soube que o espírito de equipe e alguns outros quesitos em que havíamos obtido notas baixas tinham saltado do percentil 30 para o 55, fiquei tão feliz e aliviado que não consegui dizer mais nada o dia todo".

Ao tentar explicar como seu comportamento havia mudado, Blake revelou: "Em anos anteriores, quando a matriz pedia para atingirmos 110% da meta original, eu convocava os vendedores e, a rigor, falava: 'Isso é ridículo; não vamos conseguir, mas vocês sabem perfeitamente o que acontecerá se não conseguirmos. Então, vão para a rua e trabalhem até cair'. O resultado era que eu trabalhava 20 horas por dia e eles não faziam nada".

"Desta vez, tratei com a equipe de vendas de modo diferente. Falei três coisas. Em primeiro lugar, que eles precisariam fazer algum sacrifício pela companhia. Em segundo, que, por outro lado, trabalhar com maior afinco não ajudaria muito, já que estávamos operando no limite. Precisávamos de promoções especiais. Cada um teria de descobrir novos ângulos para que chegássemos lá. E, para finalizar, que contassem com meu apoio. Estabeleceria metas realistas para cada um, separadamente. Se cumprissem as metas mas não atingissem o objetivo da empresa, eu garantiria que não fossem punidos. Contudo, se atingissem a expectativa da companhia, eu cuidaria para que fossem especialmente recompensados."

Os vendedores desafiaram Blake dizendo que ele não tinha influência suficiente para garantir tal premiação. Em vez de se irritar, o gerente prometeu recompensas que estavam ao seu alcance, como férias prolongadas.

Note-se que Blake agora adotou uma série de comportamentos característicos do bom gerente institucional. Acima de tudo, está mais motivado pelo poder — ou pelo desejo de influenciar sua equipe de vendas — e demonstra menos disposição para tentar resolver tudo sozinho. Além disso, pediu às pessoas que fizessem sacrifícios pela companhia. Deixou de partir para o ataque como forma de defesa quando desafiado; ao contrário, tentou compreender as necessidades dos subordinados para poder influenciá-los. O gerente também percebeu que sua função envolve mais incentivar e apoiar os subordinados do que criticá-los. E se mostra genuinamente interessado em recompensá-los de forma justa por seus esforços.

As mudanças de abordagem do trabalho certamente renderam frutos. O faturamento do departamento de Blake em 1973 aumentou 16% em relação ao do ano anterior e subiu ainda mais em 1974. O ganho do departamento em 1973, em comparação com o do ano anterior, foi o sétimo dos Estados Unidos; em 1974, ficou em terceiro. E Blake não foi o único na empresa a alterar o estilo de administrar. O faturamento geral da companhia subiu consideravelmente em 1973, um salto que teve papel de peso na guinada empreendida no desempenho da organização, que havia registrado um prejuízo de US$ 15 milhões em 1972 e anunciou lucro de US$ 3 milhões em 1973. Os resultados se mantiveram em alta em 1974, com um novo avanço, de 11%, nas vendas e um crescimento de 38% nos lucros.

Naturalmente, um workshop nem sempre é capaz de mudar todos. Antes de participar do treinamento, Henry Carter gerenciava o departamento de vendas de uma empresa. O moral de sua equipe era muito baixo (na casa do percentil 20). Quando o índice voltou a ser avaliado, seis meses depois, não havia melhorado. O faturamento geral, por conseqüência, refletiu esse quadro, ficando apenas 2% acima do registrado no ano anterior.

Curiosamente, o problema de Carter era ser tão benquisto por todos que jamais se sentia pressionado a mudar. Constante alegria da turma, o gerente era particularmente popular porque fornecia a outros gerentes, com descontos, charutos e vinhos difíceis de obter. E usava as ligações com os colegas para inflar sua posição na companhia, ainda que todos soubessem que o desempenho do departamento ficava aquém dos demais.

Suas ótimas habilidades interpessoais vieram à tona no workshop quando ele se saiu muito mal num dos jogos de negócios. Na hora de discutir por que Carter havia obtido um resultado tão ruim, e se o gerente agia daquele modo também no ambiente de trabalho, dois importantes participantes correram em sua defesa. Tentaram atenuar o fracasso do colega alegando que a maneira como ele conduzia as coisas era, na maioria das vezes, benéfica para todos na empresa. Assim, Carter não precisava lidar com esses questionamentos. Ele havia cultivado tão bem o papel do amigo simpático e solícito entre a gerência que, embora seus vendedores apresentassem desempenho ruim, ele não sentia pressão para alterar a forma como os gerenciava.

O que aprendemos com Ken Briggs, George Prentice, Charlie Blake e Henry Carter? Descobrimos as motivações que fazem de alguém um gerente eficiente e constatamos que é possível mudar se o indivíduo possui a combinação certa de atributos.

Por estranho que pareça, o bom gerente numa grande empresa não tem uma alta necessidade de realização, segundo a forma como definimos e avaliamos tal motivação, embora a mesma deva ser abundante em algum ponto da companhia. Os altos gerentes aqui analisados têm uma necessidade maior de poder do que de aceitação pelos outros. Num gerente, a preocupação com o poder deve ser socializada — controlada para que a instituição como um todo, e não apenas o indivíduo, se beneficie. Pessoas e países com esse perfil motivacional são construtores de impérios: tendem a criar um moral alto e a expandir as organizações que chefiam. Mas também há riscos nesse perfil motivacional. Assim como ocorre entre nações, a construção de impérios pode levar ao imperialismo e ao autoritarismo em empresas. O mesmo padrão de motivação que produz bons gerentes, norteados pelo poder, pode também fazer com que uma empresa tente dominar outras com o interesse explícito de se expandir. Não espanta, portanto, que grandes organizações precisem ser regulamentadas periodicamente por órgãos federais.

Do mesmo modo, os melhores gerentes possuem duas características que atuam como agentes reguladores — maior maturidade emocional, traduzida numa baixa egolatria, e estilo gerencial democrático, de formação dos subordinados. Se a motivação pelo poder institucional é compensada pela maturidade, sua conseqüência não é a agressividade e o egocentrismo. Isso significa que o gerente pode controlar seus subordinados e influenciar os outros sem precisar recorrer à coerção ou a outro mecanismo autoritário de gestão. Resumidas dessa forma, nossas descobertas, feitas a partir de investigações empíricas e estatísticas, podem soar simplesmente como regras de bom senso.

No entanto, são mais que isso. Agora podemos listar objetivamente as características do bom gerente. E os dirigentes de empresas podem selecionar aqueles indivíduos mais aptos a se tornarem bons gerentes e treinar os que já ocupam cargos de chefia para serem mais eficientes e confiantes.

Nota

1. David C. McClelland, William N. Davis, Rudolf Kalin e Eric Wanner, *The Drinking Man: Alcohol and Human Motivation* (Free Press, 1972).

Originalmente publicado em janeiro de 2003.
Reimpressão R0301J–P.

Como motivar os problemáticos

NIGEL NICHOLSON

Energizar um funcionário que quer ser motivado é fácil. Mas como agir com uma pessoa difícil, que nunca faz o que você quer e ainda toma todo o seu tempo?

Todos sabem que um bom gerente motiva com a força da sua visão, a paixão de seu discurso e a lógica convincente de seu raciocínio. Acrescentados os incentivos adequados, sua equipe marchará, entusiasmada, na direção certa. É uma bela imagem, promovida em incontáveis manuais idealistas de liderança. Mas há um sério problema nela: tal estratégia só funciona com uma pequena parcela dos funcionários e uma fração menor dos gerentes. Por quê? Para começar, poucos executivos têm um dom especial para arregimentar as tropas. Tentar transformar o gerente médio num novo Nelson Mandela ou Winston Churchill só serve para deixá-lo com uma sensação de culpa e inadequação. Além disso, tudo indica que incentivos externos — discursos de estímulo, montanhas de dinheiro ou mesmo a ameaça de conseqüências desagradáveis — têm impacto limitado. Os indivíduos que poderiam responder ao chamado da persuasão já estão a toda. Os outros é que são o problema. E, como todo gerente sabe por dolorosa experiência própria, quando o assunto é gestão de pessoas, a regra válida é a do 80/20: os funcionários mais intratáveis consomem uma parte desproporcional do tempo e da energia do superior. Sendo assim, como fazer para que essas pessoas sigam seus passos? Como infundir-lhes energia e empenho para que não só apóiem suas iniciativas como as executem?

Ao cabo de 30 anos de análise de organizações comerciais e consultoria a executivos, concluí que estas são exatamente as perguntas erradas a fazer. O fato é que ninguém pode motivar os funcionários problemáticos: só eles mesmos têm tal poder. A tarefa do executivo é criar as circunstâncias nas quais a motivação inerente às pessoas — a dedicação e o interesse naturais que a maioria de nós tem — seja liberada e direcionada para metas viáveis. É um enfoque que requer uma mentalidade gerencial totalmente diferente. Mudar de perspectiva não é nada fácil. É, porém, sua melhor chance de conseguir tirar o máximo de seus funcionários difíceis. Se conseguir, sua tarefa não será instigar ou persuadir essas pessoas; será remover barreiras. Incluindo, possivelmente, a barreira do seu próprio estilo desmotivador de gerenciar.

Um problema conhecido

Examinemos algumas situações, certamente familiares para a maioria dos executivos. Em primeiro lugar, vejamos o problema de Annette. (Embora os casos citados aqui sejam reais, nomes e detalhes identificadores foram alterados.) Annette é designer sênior numa grande firma de editoração e desenho gráfico. Um de seus subordinados diretos é Colin, da equipe de projetos. Colin é uma espécie de rebelde, mas tem um bom histórico no trabalho. Sua equipe, porém, está sob pressão porque a empresa foi reestruturada para reduzir custos e acelerar os prazos de execução. O comportamento de Colin é cada vez mais problemático — pelo menos na opinião de Annette e de outro chefe do rapaz, o gerente de projetos Dave. A impressão é que Colin faz corpo mole. Ou que, quando completa uma tarefa, não dá satisfação aos chefes. Para Annette, esse comportamento não apenas reflete o desprezo inerente de Colin pelas regras e procedimentos mas também sinaliza uma relutância em assumir novas tarefas. Depois de discutir a situação com Dave, Annette decide que cabe a ela falar com Colin, já que o relacionamento entre os dois é melhor.

A estratégia de Annette para motivar Colin é apelar para seu senso de responsabilidade para com a equipe de projetos. Na reunião, ela tenta fazê-lo aceitar essa linha de raciocínio; Colin concorda em fazer o que ela pede. Mas Annette sente que seu argumento não causou nenhum impacto. A seu ver, Colin continua numa certa "zona de conforto". Ele dá suporte aos demais membros da equipe e até os ajuda a resolver seus problemas. No ato, porém, deixa de cumprir suas próprias responsabilidades. Annette quer saber se Colin tornou-se um desajustado na nova estrutura e se a saída será demiti-lo da empresa. Talvez seja o caso de lhe fazer uma advertência formal em sua avaliação anual. Ou, quem sabe, transferi-lo para um cargo que exija menos — o que na prática o rebaixaria de posição.

Eis outro caso. Paolo trabalha na Europa Oriental como gerente nacional de uma incorporadora internacional. George, contador certificado com um MBA, é seu subordinado direto. O trabalho de George é vender terrenos e desenvolver alianças estratégicas com empresas locais. É relativamente novo na posição; antes trabalhara na parte administrativa supervisionando contas dos clientes. Embora George seja uma pessoa agradável e entusiasmada, seu desempenho é abaixo da média e não dá sinais de melhora. Na verdade, George ainda não vendeu um único terreno. Em suas relações com possíveis parceiros, o extrovertido George age como se simpatia bastasse para fechar um negócio. Mas os poucos negócios que consegue fechar acabam sendo onerosos e mal concebidos.

Por essas e outras, Paolo se reúne com George diversas vezes para tentar fazê-lo mudar de atitude. George responde com sorrisos animadores, desculpas plausíveis e a promessa de que as coisas vão mudar. Mas nada muda. Paolo conclui que, analisando bem, George é preguiçoso e escorregadio. Apesar das promessas, recusa-se a adotar um estilo diferente de negociação com os clientes e é óbvio que não está disposto a fazer a detalhada pesquisa necessária para avaliar corretamente um negócio. Exasperado, Paolo decide dar um ultimato a George: melhore seu desempenho, ou saia. Mas despedir George seria uma opção onerosa. É difícil encontrar gente com seu currículo e suas habilidades naquela parte do mundo. Pobre Paolo! Ele já sente o gosto do fracasso, o resultado provável do confronto. Decerto ouvirá muitas promessas e garantias. Mas conseguirá fazer com que George mude de atitude e assuma a responsabilidade por seu desempenho? Pobre Annette! Se conseguisse convencer Colin a melhorar de atitude, poderia manter um funcionário com grande potencial na equipe. Mas, por mais razoáveis que sejam seus argumentos, conseguirá convencer Colin a agir diferente?

Onde a gerência erra

Os dois casos têm características que muitas vezes desnorteiam o executivo que tenta motivar gente problemática. Por exemplo, Annette e Paolo acreditam que basta uma boa conversa para reverter o comportamento de Colin e George. Seu raciocínio é: "Basta fazer com que ele me escute. Ele vai perceber a lógica da minha posição". Essa abordagem, que chamo de "conversa de vendedor", baseia-se numa profunda falácia em que muitos acreditam. Achamos que os outros raciocinam da mesma maneira que nós e, portanto, que *têm* de perceber que nossas idéias são sensatas.

Entretanto, cada um de nós tem um perfil único de motivações, valores e vieses. Temos noções distintas sobre o que é razoável e sensato. Esse desajuste tão freqüente entre pontos de vista leva a outro problema comum nos esforços do executivo para motivar seu pessoal: um fútil e prolongado pega-pega no qual o dirigente tenta repetidas vezes incutir um pouco de motivação no funcionário problemático. Este se esquiva das tentativas do chefe; se é pego, logo consegue se desvencilhar.

Basta pensar em Colin evitando os chefes. Ou em George e suas promessas evasivas. Todo executivo conhece as reuniões do tipo "Claro, chefe", que terminam com uma aparente resolução mas redundam na renovação do velho problema, sem que a pessoa mude uma vírgula.

Na verdade, os resultados insatisfatórios não deveriam surpreender gerentes como Annette e Paolo. Ao tentar transformar Colin e George em pessoas diferentes do que são, esses executivos, tal como a maioria dos que lidam com subordinados problemáticos, se fixaram num objetivo impossível de atingir. Uma regra fundamental do gerenciamento é que não se pode mudar o caráter das pessoas; na maioria das vezes, não se pode sequer controlar seus atos. Ou a mudança vem de dentro, ou simplesmente não vem.

Descentrar:

A arte no cerne da motivação

A base conceitual do método motivacional aqui apresentado é a noção do "descentrar". O termo, cunhado pelo psicólogo suíço Jean Piaget, descreve um fenômeno na evolução da criança. É quando ela deixa o estado da percepção autocentrada, fechada em si mesma. Essa mudança permite à criança compreender que pode haver perspectivas espaciais diferentes das suas, que a pessoa do outro lado da mesa não vê a mesa da mesma forma que ela. Mais tarde, ocorre uma mudança semelhante nas percepções sociais da criança. Ela passa a compreender que os valores e os motivos alheios também podem diferir dos seus, algo que assimila ainda melhor se sentir simpatia pela outra pessoa. O adulto não é muito diferente. Se gostamos de alguém, tentamos compreender como tal indivíduo se sente. Mas boa parte do tempo agimos como um motorista violento no trânsito: estamos sempre certos e os outros — abstratos, sem realidade física, a nosso ver quase irreais — estão sempre errados. Peça a um executivo que diga o que acha difícil em seus subordinados ou mesmo em seu próprio chefe e você ouvirá adjetivos como "preguiçoso", "chato", "desonesto" — termos que o gerente ou o funcionário em questão nunca aplicaria a si mesmo. Julgamentos estrábicos como esse, comuns na vida cotidiana, são par ticularmente corriqueiros no ambiente hierarquizado de trabalho. Há um certo conforto, uma acomodação, em manter essas pessoas a certa distância. Tratando-as como problemas a serem resolvidos, como objetos a serem manipulados por meio de recompensas e punições, não precisamos saber o que elas pensam e sentem. Saber disso só serviria para nos perturbar. Por exemplo, o que aconteceria se, ao tentar ver as coisas do ponto de vista delas, percebêssemos que a nossa visão do mundo não está, necessariamente, correta? Como uma poderosa ferramenta para o descentrar, você deve se fazer a seguinte pergunta: "Como será para alguém assim — ou seja, com tal caráter e tais perspectivas — ter alguém como eu, com minhas tendências e impulsos, como chefe, cliente, subordinado?". A resposta pode orientar sua estratégia nos futuros encontros. Devido ao esforço necessário para o descentrar, em especial com funcionários difíceis, o método que proponho é bastante árduo. Mas não mais difícil do que as técnicas motivacionais baseadas na "liderança inspiracional", e com certeza é mais eficaz que estas. Afinal, será realmente possível "inspirar" gente com quem você não se importa — e que, por sua vez, não gosta muito de você?

Motivação com novo enfoque

Se Annette e Paolo abordaram o problema da maneira errada, qual será a certa? Proponho um método relativamente simples, cuja eficiência já constatei muitas vezes. Consiste em transferir a responsabilidade pela motivação do sujeito para o objeto, isto é, do chefe para o subordinado. O crucial é que esse método traz também uma mudança de perspectiva: o executivo precisa ver o funcionário não como um problema a ser resolvido, mas como uma pessoa a ser compreendida. Meu método baseia-se num punhado de princípios:

Todo mundo tem energia motivacional. Embora muitos empregados problemáticos demonstrem acentuada falta de iniciativa e empenho em suas funções, em outras áreas da vida em geral essas qualidades estão bem vivas. É claro que nem todos vão sentir pelo trabalho a mesma paixão que sentem por um hobby ou por outros interesses externos. Mas é um erro presumir que o funcionário-problema é simplesmente desmotivado. A maioria dos funcionários tem potencial para envolver-se no trabalho e agir em prol das metas administrativas.

Muitas vezes a energia está bloqueada no local de trabalho. Há vários fatores capazes de coibir a motivação natural das pessoas. Por exemplo, pode surgir um impedimento repentino devido a uma nova situação de estresse em casa. Ou, então, os bloqueios vão se acumulando ao longo de anos, conseqüência de sonhos frustrados ou promessas quebradas no trabalho. Daí a transformação da energia positiva da pessoa em atitudes e comportamentos negativos — ou simplesmente seu direcionamento para atividades sem vínculo com o trabalho. Um dos bloqueios mais comuns ocorre quando o funcionário sente que seus chefes no fundo não se importam com ele. Por essa ou outras razões, o funcionário problemático em geral não gosta muito do chefe. E provavelmente é um sentimento mútuo. Daí o convencional discurso motivador sobre a melhora do desempenho ser encarada como falsidade, na melhor das hipóteses.

Remover o bloqueio requer a participação do funcionário. Para motivá-lo a trabalhar por objetivos que você determina é preciso adotar a filosofia do judô: encontrar o centro da energia da pessoa e canalizá-la para seus fins. Em vez de forçar suas soluções sobre a pessoa, brandindo sua argumentação, você extrai dela própria as soluções. No mínimo, a inversão da tática atrai a atenção do funcionário. Idealmente, vai motivá-lo a remover os obstáculos nítidos à sua motivação. Para tanto, talvez o executivo tenha de repensar o que é razoável esperar do subordinado problemático. Mas isso o ajudará a obter o máximo dessa pessoa, seja qual for sua habilidade e capacidade específicas.

Vejamos algumas possíveis objeções ao método que proponho. "Para mim, isso tudo parece muito vago, sem consistência", diriam alguns. Ou: "Tenho uma empresa para tocar e não conto com disposição, nem tempo, para fazer o papel do psicanalista compreensivo de um bando de gente 'bloqueada' que se recusa a entrar no esquema".

Em primeiro lugar, embora este método se baseie na empatia, não é nem um pouco vago. Ele exige que o executivo assuma o controle de uma situação difícil e a solucione. Na verdade, o método inconsistente é justamente aquele que você deve estar usando agora: ignorar o funcionário problemático ou tentar repetidas vezes convencê-lo a melhorar o desempenho, sempre em vão. Se o executivo fica exasperado e acaba por demiti-lo, será sinal de fracasso, não de firmeza. Em segundo lugar, meu método exige, de fato, um investimento de tempo; mas é um investimento que deve levar a uma resolução antes do que outros métodos levariam. Isso porque exige que você ultrapasse o ponto em que o problema está emperrado e não anda mais — uma característica de tantos relacionamentos com pessoas difíceis.

Tenha em mente que essa abordagem se destina a dar uma resolução — e não necessariamente uma solução — para o problema que você enfrenta. Embora tal método possa ajudá-lo a evitar certas armadilhas comuns quando se tenta motivar funcionários difíceis (veja o quadro "Sete perigos da gestão de funcionários problemáticos"), não será possível transformar todos os subordinados desmotivados. E, mesmo se o comportamento deles mudar, talvez o resultado não seja exatamente o que você desejava. Contudo, o método em três estágios que proponho vai dar um fim às evasões, às repetições inúteis e às promessas quebradas. Provavelmente produzirá alternativas que você nem sequer havia considerado. Ou, pelo menos, vai levar a uma hora da verdade, a um ponto em que você e seu subordinado poderão, juntos, visualizar um caminho para a meta por você determinada. Ou a concordar que não há solução possível.

> *Em vez de forçar soluções sobre a pessoa com sua argumentação, você extrai dela própria as soluções.*

Primeiro passo: Crie uma imagem rica

Tom vem lutando para ajudar Jack a melhorar seu desempenho. Mas, a cada advertência, Jack, tímido por natureza, parece se retrair ainda mais. Por fim, sem alarde e sem cerimônia, Tom diz a Jack que as coisas não estão dando certo e que ele terá de deixar a empresa. Nos dias seguintes, os ex-colegas não param de falar da repentina demissão de Jack. E relatam o que acabavam de saber sobre sua situação: tanto o pai como a mãe de Jack haviam morrido fazia pouco tempo, após doenças prolongadas e debilitantes. Até então, nem Tom nem ninguém mais sabia o que ele vinha enfrentando.

O caso de Jack é extremo, mas ilustra um fenômeno infelizmente muito comum nas empresas. Um funcionário-problema passa por todas as rotinas de avaliação e discussões com a chefia e acaba sendo demitido — às vezes depois de anos de desempenho improdutivo. Pouco depois, seu chefe fica sabendo, através dos ex-colegas do demitido, que talvez houvesse algo por trás daquele desempenho insatisfatório. O chefe nunca ficara a par da situação devido ao orgulho do funcionário ou à sua natureza reservada, ou talvez porque este não gostava do chefe e não confiava nele.

Assim, o primeiro passo exige que o executivo se esforce para compreender o que está acontecendo com o funcionário problemático. O que motiva essa pessoa? O que bloqueia sua motivação? O que aconteceria se tais impedimentos fossem eliminados? Mas não é tudo. Há outros dois fatores na equação: você, como chefe, e o contexto no qual o problema ocorre.

Comecemos pelo funcionário. Como é possível que Tom saiba tão pouco sobre o motivo que afeta o desempenho de Jack? Até que ponto Annette compreende Colin? O que Paolo realmente sabe sobre George? Não há dúvida de que esses executivos precisam de mais informações. Estas podem vir de colegas, subordinados ou chefes anteriores; mas muitas virão do próprio funcionário-problema. É necessário que você tenha uma série de conversas informais — no corredor, durante o almoço ou num evento social — para ganhar maior compreensão sobre a verdadeira situação de seu funcionário. Que tal é o mundo do ponto de vista do funcionário? De que modo as expectativas e os desejos dele foram moldados por experiências cruciais no passado? Que paixões governam suas escolhas? O que sufoca essas paixões no local de trabalho? Pode parecer difícil, mas em aulas que ministro a executivos constatei que é possível descobrir esse tipo de coisa sobre a outra pessoa numa entrevista de dez minutos. Basta fazer as perguntas certas. Afinal, num jantar, muitas vezes temos esse tipo de conversa; é no trabalho que elas são raras. Você, decerto, ficará surpreso com o que vai descobrir. Um teste seria pedir ao funcionário problemático que descrevesse a si mesmo. Com certeza, ele usaria palavras diferentes das que você empregaria.

Essas conversas informais são o ponto de partida para motivar efetivamente uma pessoa difícil. Annette, por exemplo, descobre ao conversar com os demais que Colin está construindo uma casa. Nisso não falta motivação a ele.

Em seguida, é preciso examinar seu próprio papel no problema que tenta solucionar. Isso é importante porque o superior direto é a causa mais forte de insatisfação dos funcionários e o principal motivo pelo qual alguém sai do emprego. De fato, talvez você seja a principal razão, ainda que involuntária, da falta de motivação do seu funcionário. Por algum motivo, você está despertando o pior, e não o melhor, na pessoa que vem tentando ajudar. Será preciso fazer uma sincera auto-análise e, também, uma investigação que o leve a compor uma imagem mais completa de você próprio, assim como foi feito para o funcionário. Talvez o problemático fique incomodado de falar sobre o conceito que faz de você. Mas, com o tempo, você talvez consiga formar uma imagem — provavelmente nada lisonjeira — de como é visto. Mesmo que esta lhe pareça injusta ou inexata, lembre-se: se algo é percebido como real, é real em suas conseqüências.

Os outros podem oferecer informações adicionais. Paolo, ao comentar o caso de George com outro gerente, se queixa: "Ele age como se eu o perseguisse. Dá para acreditar?". Imagine a surpresa de Paolo quando seu colega e amigo responde:

Sete perigos

da gestão de funcionários problemáticos

Ciranda sem fim

Será que você anda dando voltas e mais voltas com alguém, tendo sempre as mesmas conversas infrutíferas? É um sinal inequívoco da necessidade de um novo enfoque. Descarte suas idéias preconcebidas sobre a pessoa e recomece da estaca zero.

Conversa de mascate

Você anda tentando aplicar o golpe do vendedor? Ou seja, tentando convencer alguém da sensatez de sua posição? Não seja um evangelista. Seja um psicólogo. Os vendedores de maior sucesso descobrem o que os outros querem e satisfazem tal necessidade, em vez de tentar modificá-la.

Síndrome da santa ignorância

Você anda feliz em sua ignorância, sem saber — e sem querer saber — o que passa pela cabeça de um subordinado? É preciso ir mais fundo e descobrir o que motiva aquela pessoa e o que bloqueia tal motivação.

Cilada do autocentrismo

Será que as palavras que lhe vêem à mente quando você pensa no comportamento dessa pessoa refletem um ponto de vista unilateral? Tente se perguntar que palavras aquele indivíduo usaria para descrever o mesmo comportamento. Isso pode lhe dar uma nova visão da natureza do problema.

Tendência a juiz implacável

Você se coloca soberbamente numa posição moral elevada, ao encarar tal pessoa? De nada serve pensar que o subordinado está errado enquanto você representa o papel de juiz ou de sumo sacerdote. Decida agora se você realmente quer solucionar o problema ou presidir o julgamento.

Visão monocromática

Você já tentou achar alguma qualidade redentora nessa pessoa? Pense bem. Descobrir uma característica positiva que seja em alguém pode dar uma coloração inteiramente nova à sua relação com esse indivíduo e criar um ponto de partida para um vínculo entre vocês.

Negação da realidade

Você ignora, sem parar para pensar, a imagem que os outros fazem de você? Lembre-se: "Se algo é percebido como real, é real em suas conseqüências". É preciso trabalhar não só com a sua realidade mas também com a realidade da outra pessoa.

"Bem, Paolo, quanto à perseguição ele não tem razão; mas a verdade é que você às vezes parece um tanto tirano".

Com base em suas descobertas, talvez você conclua que seu relacionamento com o funcionário-problema, de tão disfuncional, já não tem conserto. Nesse ponto você deve abandonar o método e passar a tarefa da motivação para outra pessoa. Porém, é mais provável que a maneira como você interage com o funcionário problemático — por exemplo, algo básico como a forma como se dirige a ele — simplesmente o afasta. Uma atitude que funciona bem com outros subordinados é totalmente errada para lidar com esse indivíduo. Desnecessário dizer que para muitos executivos pode ser duro enfrentar tal verdade.

Por fim, você deve analisar o contexto. Será que existe algo na situação atual que traz à tona o pior naquele funcionário — e talvez em você também? Annette acredita que o desempenho de Colin se deteriorou com a maior pressão lançada sobre a equipe de projetos com a reestruturação. Mas Annette também está sob pressão. Será que as atitudes de Colin a incomodam mais do que o normal devido ao estresse que ela está sofrendo? E será que sua reação ao problema paradoxalmente lança ainda mais estresse sobre Colin, num círculo vicioso?

Uma vez que você embarcar na missão de levantamento de dados, perceberá que não contava com informações suficientes para solucionar o problema. É bem possível que sua antipatia o tenha impedido de conhecer melhor o funcionário problemático. Além disso, você decerto não supunha que seu próprio comportamento era uma das causas do problema. Também não tinha se dado ao trabalho de procurar na situação fatores que de certa forma justificassem as falhas da pessoa. É muito mais fácil classificar alguém como "difícil" do que tentar descobrir por que a pessoa ficou daquele jeito ou assumir parte da culpa pela situação.

Quem consegue abandonar essa mentalidade estreita tem mais chances de conseguir que o subordinado melhore o desempenho. E, provavelmente, vai reavaliar o que gostaria de obter do funcionário problemático em primeiro lugar.

Você talvez seja a razão da falta de motivação do funcionário; por algum motivo, você está despertando o pior, e não o melhor, na pessoa que vem tentando ajudar.

Segundo passo: Reformule suas metas

Hans é chefe de divisão de uma corretora suíça. Luca é membro da equipe administrativa de doze pessoas que processa contas de clientes mas tem pouco contato com os mesmos. A equipe de Luca está dividida em duas facções, resultado de intrigas alimentadas por ele e de suas péssimas relações com a secretária da equipe — pelo menos é o que pensa Hans. Ele não gosta muito de Luca; os dois são muito diferentes. Luca tem um físico imponente, é pouco sofisticado, é um gastador que adora carrões e vive com problemas financeiros. Luca parece nutrir igual antipatia por Hans.

Embora o desempenho profissional de Luca não seja ruim, Hans acredita que poderia melhorar, inclusive com benefício para o desempenho geral do grupo. Bastaria que Luca dedicasse menos tempo a fazer intrigas e cultivasse melhores relações com a secretária. Hans já mencionou isso a Luca informalmente várias vezes, mas em vão. Agora está pronto para mandá-lo embora. Entretanto, ao fazer uma pesquisa de opinião informal no grupo, Hans descobre que a maioria dos colegas de Luca não deseja que ele vá embora, apesar dos problemas que ele parece causar. Assim, Hans decide confrontar Luca. Vai exigir que ele passe a se dar bem com a secretária e pare com a politicagem no escritório.

Talvez você conheça em primeira mão a frustração sentida por Hans: "Sou uma pessoa razoável, que tenta fazer um bom trabalho. E preciso encarar uma pessoa nada razoável que se recusa a aceitar o que, nitidamente, é a maneira correta e sensata de resolver o problema. Já disse a ele o que é preciso ser feito. Por que ele se *recusa a agir*?". Se você está enfrentando essa situação, é provável que acabe desistindo — seja deixando que as coisas continuem como estão, seja demitindo o funcionário. Infelizmente, sua postura moralizante e sua incapacidade de perceber que nem todos vêem as coisas da sua maneira limitam suas chances de motivar o funcionário e reduzem o leque de opções para solução do problema. Para você, seria melhor abandonar o impulso de penalizar um funcionário ruim e determinar o que se pode ganhar reabilitando a ovelha desgarrada. Você será mais eficiente se estiver disposto a abandonar sua solução predeterminada e a considerar toda uma série de desfechos possíveis.

Neste caso, Hans acredita que a solução é mudar o comportamento de Luca, tido por ele como a fonte tanto de seu fraco desempenho quanto do turbilhão na equipe. Mas, se Luca é culpado pelos problemas da equipe, por que seus colegas não estão ansiosos para vê-lo pelas costas? Hans decide coletar mais informações para enriquecer a imagem que tem da situação. Percebe então que a falta de contato com os clientes pode estar privando Luca do estímulo que lhe falta para sentir satisfação no emprego. Outro fator importante: a situação está criando um clima de "confinamento" de toda a equipe administrativa — um ambiente repleto de rixas internas e ainda mais envenenado pela recente introdução de um esquema de incentivos financeiros e pelo descaso de Hans por iniciativas que unam a equipe. Visto dessa maneira, o comportamento de Luca desponta como efeito, e não causa, do problema. Ao começar a pensar nas motivações genuínas de Luca, ocorre a Hans que sua tendência natural para intrigas e politicagem no trabalho poderia ser canalizada para uma tarefa social positiva, como fortalecer a equipe. Sem dúvida, Luca também precisa restabelecer as relações com a secretária — sem falar no relacionamento com Hans. Mas, em termos de motivação, o grande desafio é adotar Luca como um aliado na tarefa de melhorar todo o ambiente de trabalho.

Que fique bem claro: reformular suas metas originais não significa capitular. É verdade que as novas metas podem ser mais modestas e mais acessíveis para o funcionário problemático. Talvez sejam metas que ele possa assumir e cumprir. Mas a disposição em ser flexível nos seus objetivos pode gerar novas alternativas, mais ambiciosas, até então nem sequer consideradas. Talvez no final você não consiga tudo o que queria do funcionário; mas com certeza vai conseguir mais do que tinha antes.

Esboçar uma lista de possíveis resoluções é um pré-requisito crucial. Só depois disso deve-se marcar uma reunião formal com o subordinado, com o propósito de solucionar a situação ou resolver a mesma. Tenha em mente que essa lista pode ser engrossada com soluções vindas de uma fonte surpreendente: o próprio funcionário. Entretanto, a pauta da reunião não é um vale-tudo. Você também deve deixar bem claro os quesitos fundamentais de desempenho: questões que, na ausência de uma solução para o problema, ditarão o perfil do resolução — possivelmente, a demissão do funcionário.

Terceiro passo: Arme a cena do encontro

Jerry foi nomeado há pouco chefe de departamento de um laboratório farmacêutico. Ao se familiarizar com o cargo, descobre que herdou um subordinado muito problemático, Bernard. Assim como Jerry, Bernard está na casa dos trinta. É um cientista de grande competência e também muito independente. Tem um desempenho satisfatório quando recebe uma tarefa bem definida, altamente complexa, que desafie sua capacidade técnica. Mas tem o hábito de não discutir resultados até que seja tarde demais para Jerry dar sua opinião. Bernard resiste a qualquer tarefa que saia de sua rotina. Jerry também acha que Bernard poderia cumprir suas funções mais depressa sem sacrifício da qualidade. Mas, sempre que traz o assunto à baila, Bernard solta uma avalancha de explicações técnicas que Jerry não é capaz de compreender totalmente.

Jerry fica sabendo que Bernard já foi preterido em uma promoção e desde então exibe tais atitudes negativas. Inclusive já deixou bem claro para todos que se ressente de responder a um chefe que considera inferior a si próprio em conhecimentos técnicos. Embora Jerry ache que Bernard deveria ter sido convidado a "pôr-se no seu lugar" há muito tempo, tentou em diversas ocasiões conquistar o subordinado com uma atitude amigável. Jerry pergunta, por exemplo: "O que você anda fazendo? Você sempre parecer ter uma maneira tão criativa de tratar os problemas". Mas Bernard o repele: "Você nunca vai entender meu trabalho". Jerry está frustrado porque sabe que a considerável tarimba de Bernard não vem sendo totalmente utilizada em benefício da empresa. E a crescente animosidade entre os dois não traz boas perspectivas para uma melhora da situação.

Na esperança de ajudar Bernard a melhorar seu desempenho, Jerry já deu o primeiro passo no método aqui apresentado: montou uma imagem mais complexa do subordinado. Com isso, tenta saber de que modo experiências passadas de Bernard e sua situação atual — ou a chegada do novo chefe, o próprio Jerry — contribuíram para o problema. A conclusão de Jerry é que Bernard sente a necessidade de preservar sua dignidade, abalada quando ele foi preterido na promoção. Tal fato impede que Bernard se dedique com afinco a Jerry. De posse desse retrato com mais nuances, Jerry passa para o segundo passo do método: reavaliar o que espera de Bernard. O chefe de Jerry o aconselhou — como fariam muitos executivos — a afirmar sua autoridade. Ou seja, a avisar Bernard que é melhorar, ou dizer adeus. Mas Jerry sabe que esse tipo de abordagem provavelmente não adiantará. Em vez disso, quer aproveitar o desejo inerente a Bernard de dignidade, respeito e reconhecimento para motivá-lo. Jerry quer que Bernard perceba que sua atitude é autodestrutiva e que é possível ganhar muito pessoalmente se tais impulsos forem usados para enfrentar novos desafios.

Ao mesmo tempo, Jerry sabe que precisa ser mais duro do que vinha sendo. Decide, então, ter um encontro objetivo, cara a cara com Bernard. Uma conseqüência positiva da análise feita por Jerry da situação é um certo distanciamento em relação a Bernard: Jerry admite para si o sentimento negativo que nutre e que vinha se intensificando diante da hostilidade de Bernard, mas coloca-os de lado antes de partir para a reunião. Na verdade, Jerry já percebeu que é parte do problema e que qualquer resultado positivo quase certamente exigirá que passe a administrar Bernard de outra forma. Se tudo correr bem, Bernard também passará a ver a situação de outra forma.

Essa conversa com o funcionário-problema, ao contrário das interações informais necessárias para montar uma imagem completa da situação, é o terceiro passo de meu método. Deve ser um evento cuidadosamente planejado para ressaltar sua importância. Faça a reunião num local neutro — digamos, uma sala de reuniões — e reserve à mesma pelo menos uma hora. (Você pode precisar de mais de um encontro, dependendo do avanço obtido na primeira vez.) Avise o subordinado com um ou dois dias de antecedência, mas deixe claro que não é preciso nenhum material ou preparo especial. Não será uma reunião formal de avaliação, mas uma oportunidade para analisar e rever suas relações de trabalho. Na verdade, os únicos artefatos necessários são uma mesa e duas cadeiras dispostas num ângulo reto.

A reunião começa com o que chamo de *declaração afirmativa*: uma breve introdução, que deve ser "brandofirme". Você frisa o valor do funcionário no passado e no futuro para a organização e expressa seu desejo de que a reunião traga um resultado benéfico para ambos. Mas também descreve sinceramente o problema atual, da forma como você o vê, e afirma que as coisas não podem e não vão continuar como estão. Por exemplo, Jerry poderia dizer a Bernard:

"Bernard, obrigado por vir à reunião. Venho pensando no modo como trabalhamos juntos e devo dizer que não estou satisfeito. Tenho a sensação de que você também não está. Não estou bem certo de qual é o problema e é por isso que quero ter esta conversa com você. Admiro seu talento e tudo que você oferece à empresa, mas nas nossas conversas anteriores percebi que eu e você temos uma visão muito diferente dos nossos papéis. Não gostei da maneira como você se dirigiu a mim em diversas ocasiões, mas reconheço que talvez você sinta a mesma coisa em relação a mim. Creio que você pode nos ajudar a colocar as coisas numa nova base e a estabelecer novas maneiras de trabalharmos juntos. Uma coisa é certa: a situação não pode continuar como está. Eu não vou permitir".

Você precisa, então, entrar no que chamo de *perguntas de alavancagem*. Trata-se de um questionamento extenso e intenso para testar hipóteses que você já formulou enquanto montava sua imagem da situação. As perguntas de Jerry vão sondar a necessidade que Bernard sente de reconhecimento e como tal necessidade pode ser aproveitada para fins produtivos. Um dos objetivos das perguntas é encontrar áreas ainda inexploradas com potencial para um acordo; mas elas também visam a trazer à tona as diferenças. Aliás, um dos sinais de uma reunião fracassada, do tipo "Claro, chefe", é quando o funcionário consegue sair da sala sem expressar uma única opinião contrária.

Aqui é preciso cuidado. É muito fácil voltar ao velho esquema da "conversa de vendedor", lançando fatos e argumentos sobre o funcionário de forma a enterrá-lo sob o peso das provas. Mesmo que você evite essa cilada, o funcionário pode continuar evasivo, defensivo, hostil ou não-comunicativo. Aqui seu objetivo é discernir, em meio à névoa de insatisfação, brechas mínimas na conversa que sugiram uma nova visão da situação ou ofereçam a oportunidade de tirar proveito da motivação pessoal do funcionário.

Por exemplo, Jerry confronta Bernard acerca de uma questão delicada: "O.k., sei que você é tecnicamente superior a mim. Tudo bem. Sendo assim, qual deve ser o meu papel, na sua opinião? O que posso fazer para ajudá-lo?".

Bernard não hesita para responder: "Nada. Aqui nesta empresa não se respeita ninguém que tenha capacidade técnica".

Jerry percebe uma brecha: "Puxa! É assim que você se sente? Bem, vejo que no passado esse deve ter sido um problema. Compreendo sua decepção por não ter conseguido aquela promoção. Mas eu, pessoalmente, dou valor ao know-how técnico. Creio que podemos encontrar uma maneira de aproveitar melhor a sua competência — e de um jeito que dê a você o devido crédito".

A cena está armada para o *momento da verdade*. Jerry e Bernard já chegaram a um acordo, pelo menos no tocante a uma parte do problema. E Jerry já conduziu Bernard até um ponto em que este pode ajudá-lo a encontrar uma solução que tire proveito das qualidades que o motivam. Voltando à metáfora do judô, Jerry bloqueou Bernard ao frisar que as coisas não vão continuar como estão. Agora vai tentar um golpe: impulsioná-lo em direção aos objetivos da empresa aproveitando a energia do próprio Bernard.

"Bernard, obrigado por ser tão sincero comigo. Agora compreendo muito melhor o seu ponto de vista. Pelo que você diz, me parece que podemos reestruturar seu cargo para aproveitar totalmente seu talento, que é excepcional. Estou pensando, por exemplo, em pedir que você dê consultoria e treinamento para as equipes da nossa divisão, uma função de alta visibilidade. Gostaria que você pensasse em propostas concretas para implementação dessa função. Vou fazer o mesmo e nos encontraremos de novo daqui a uma semana. Veja bem, nós preferiríamos conservar você na empresa a perdê-lo. Mas continuar com sua atitude atual, nos termos que você mesmo a definiu, não é viável. O que você acha?"

Benefícios mais amplos

Lembre-se de que o método que descrevi garante uma resolução, e não necessariamente uma solução, para o problema de Jerry. Para perceber a diferença entre os dois resultados, voltemos a Annette e Paolo. Em sua reunião com Colin, Annette inicia um novo tipo de conversa na esperança de entender as motivações do subordinado e onde estariam sendo bloqueadas. Ela conclui que Colin tem muita motivação em outras áreas da vida mas não reage bem quando se sente sob pressão. E percebe que a pressão só vai aumentar se fizer com que se sinta culpado por abandonar a equipe no momento em que ela mais precisa dele. Colin precisa de uma responsabilidade diferente, e não maior. Quando Annette começa a sondar Colin para descobrir o que realmente o estimula, descobre que é ajudar os outros. Como usar essa descoberta para motivá-lo? Durante a reunião, Colin menciona a possibilidade de dar treinamento, um papel que ele assumirá com sucesso nos meses subseqüentes.

O problema de Paolo é mais complicado e não tem um final feliz. Há uma resolução para o problema, mas não uma solução. Seu objetivo original era fazer George reconhecer que precisava ser mais responsável pelo trabalho. Mas, pensando melhor, Paolo conclui que deseja, simplesmente, fazer com que George perceba que para sair da situação atual é preciso tomar algumas decisões difíceis. Os dois se sentam para conversar e Paolo apresenta fatos específicos sobre o desempenho de George. Esses fatos concretos fazem George perceber que está tendo problemas em sua nova posição e reconhecer que não está motivado para solucioná-los. Os dois concordam quanto ao próximo passo: Paolo deve ajudar George a passar para um cargo com menos contato com os clientes. Isso acaba acontecendo — mas sem a ajuda de Paolo. Duas semanas após a reunião, George aceita um emprego em outra empresa. Enquanto Annette conseguiu uma nítida vitória, Paolo tem o consolo de pensar que o resultado foi melhor do que a colisão que ele esperava: a possibilidade de George ser demitido e levar sua raiva e ressentimento consigo para outra empresa. Na verdade, George deve ter ficado grato pelo novo início que surgiu a partir da hora da verdade com Paolo.

Ainda que o problema, em vez de solucionado, seja simplesmente resolvido, os benefícios obtidos com esse método vão além da situação presente e dos indivíduos em questão. Além de melhorar suas chances de motivar indivíduos problemáticos, o método também pode ajudar a motivar todo o grupo.

A guinada de uma pessoa difícil é algo que levanta o moral de todos. Uma das queixas mais comuns nos locais de trabalho é que os chefes não lidam com funcionários de fraco desempenho. O executivo de sucesso em geral ignora as pessoas difíceis, esquivando-se do confronto oneroso e fútil que, a seu ver, resultaria de qualquer tentativa de melhorar a situação. Assim, quando o funcionário realmente muda de atitude e começa a agir de maneira mais razoável, a repercussão no grupo é palpável.

Não só porque os colegas agora acham mais fácil trabalhar com uma pessoa antes tão problemática. O esforço do executivo também envia uma vigorosa mensagem. As pessoas querem que o chefe "enfrente o problema" de alguém com baixo desempenho, mas isso nem sempre significa demitir a pessoa logo de saída. Lembre-se dos colegas de Luca, que resistiram à tentativa de Hans de demiti-lo. Em seu esforço para promover uma virada em alguém — ainda que não consiga e a pessoa acabe saindo da empresa —, os demais funcionários verão a marca de uma pessoa e de uma cultura empresarial decidida a resolver problemas, e não a jogar o lixo fora. Livrar-se de alguém sumariamente também indica que a organização prefere descartar as pessoas difíceis a lidar com elas. E quem sabe quem será o próximo?

Os benefícios que vão se estender por toda a organização justificariam, por si só, esse método, com tudo o que ele exige. Sim, pode ser demorado, difícil, cheio de riscos e de reveses. Um funcionário difícil pode reagir depressa à sua abordagem; outro pode exigir mais tempo para reconstruir uma relação positiva com você e com o trabalho. Mas pelo menos estarão seguindo na direção certa, movidos pela própria vontade. E no final, se tudo der certo, você ganhará não só um funcionário reabilitado, mas também uma organização mais saudável e mais produtiva.

Originalmente publicado em janeiro de 2003.
Reimpressão R0301D–P.

Ensinando Pessoas Inteligentes a Aprender

Chris Argyris

Qualquer empresa que aspire ser bem-sucedida no árduo ambiente de negócios da década de 1990 deve primeiro resolver um dilema básico: o sucesso nos mercados depende cada vez mais do aprendizado; todavia, a maioria das pessoas não sabe aprender. Pior ainda, os membros da organização que muitos presumem ser os melhores em aprendizado não são, de fato, muito bons nesse ofício. Estou falando dos profissionais de alta qualificação, fortemente energizados, extremamente comprometidos, que ocupam posições-chave de liderança na corporação moderna.

A maioria das empresas não apenas enfrenta tremendas dificuldades em superar esse dilema de aprendizado, mas também, em geral, nem mesmo estão conscientes de sua existência. O motivo: a má compreensão do que seja aprendizado e de como promovê-lo. Em conseqüência, tendem a cometer dois erros em suas tentativas de transformar-se em organização que aprende.

Primeiro, a maioria das pessoas define o aprendizado de maneira muito estreita, como mera "solução de problemas", e assim se concentra na identificação e correção de erros no ambiente externo. A solução de problemas é importante. Mas, para que o aprendizado seja duradouro, os gerentes e empregados devem olhar para dentro de si mesmos. Precisam refletir criticamente sobre seu próprio comportamento, perceber o modo como muitas vezes, inadvertidamente, contribuem para os problemas da organização e então mudar sua conduta. Em especial, é necessário que aprendam como a própria maneira pela qual definem e resolvem problemas às vezes é fonte de outros problemas em si mesmos.

Cunhei os termos "aprendizado de ciclo único" (*single loop learning*) e "aprendizado de ciclo duplo" (*double loop learning*) para expressar essa diferenciação crucial. Para estabelecer uma analogia simples: o termostato que automaticamente liga o aquecimento sempre que a temperatura do recinto cai abaixo de 20°C é um bom exemplo de aprendizado de ciclo único. Já o termostato que fosse capaz de perguntar: "Por que estou regulado para 20°C?" e então analisar se alguma outra temperatura atingiria de maneira mais econômica a meta de aquecer o recinto estaria envolvido no aprendizado de ciclo duplo.

Os profissionais altamente qualificados freqüentemente são muito bons no aprendizado de ciclo único. Afinal, passaram boa parte de suas vidas adquirindo credenciais acadêmicas, dominando uma ou várias disciplinas intelectuais e aplicando essas disciplinas na solução de problemas da vida real. Mas, ironicamente, esses mesmos fatos ajudam a explicar por que os profissionais são, em geral, ruins no aprendizado de ciclo duplo.

Em termos simples, uma vez que muitos profissionais são quase sempre bem-sucedidos em suas atividades, poucas vezes experimentaram o fracasso. E como raramente malograram, nunca aprenderam a aprender com o fracasso. Assim, sempre que suas estratégias de aprendizado de ciclo único dão errado, eles se tornam defensivos, rejeitam as críticas e atribuem a "culpa" a alguém e a todos, menos a si próprios. Em suma, sua capacidade de aprender se esgota exatamente no momento em que mais precisam dela.

A propensão entre os profissionais para o comportamento defensivo lança alguma luz sobre o segundo erro das empresas a respeito do aprendizado. O pressuposto comum é que induzir as pessoas a aprender é sobretudo uma questão de motivação. Quando se desenvolvem as atitudes e o comprometimento adequado, o aprendizado é conseqüência. Assim, as empresas se concentram na construção de novas estruturas organizacionais — programas de remuneração, avaliação do desempenho, culturas corporativas e outras — concebidas para desenvolver empregados motivados e comprometidos.

Mas a eficácia do aprendizado de ciclo duplo não é simplesmente função do sentimento das pessoas. É o reflexo de como pensam — ou seja, as regras cognitivas ou o raciocínio que aplicam no planejamento e execução de suas ações. Consideremos essas regras como uma espécie de "programa-mestre", armazenado no cérebro, que governa todos os comportamentos. O raciocínio defensivo pode bloquear o aprendizado mesmo quando o comprometimento individual é alto, da mesma maneira como o programa de computador com erros de codificação ou lógica que às vezes produz resultados exatamente opostos ao previsto pelos programadores.

As empresas têm condições de aprender como resolver o dilema do aprendizado. O necessário é concentrar o foco dos programas de aprendizado organizacional e de melhoria contínua na maneira como os gerentes e empregados raciocinam sobre seu próprio comportamento. Ensinar as pessoas a raciocinar sobre seu comportamento de um modo novo e mais eficaz rompe as defesas que bloqueiam o aprendizado organizacional.

Todos os exemplos seguintes envolvem um determinado tipo de profissional: consultores em rápido desenvolvimento profissional trabalhando em grandes empresas de consultoria gerencial. Mas as implicações de minha argumentação vão bem além desse grupo ocupacional específico. A verdade é que cada vez mais posições — não importa o título — estão adquirindo os contornos de "trabalhador do conhecimento". As pessoas em todos os níveis da organização precisam combinar o domínio de algum conhecimento técnico altamente especializado com a capacidade de trabalhar com eficácia em equipes, desenvolver relacionamentos construtivos com os clientes ou fregueses, e refletir de maneira crítica sobre as próprias práticas organizacionais, alterando-as quando necessário. E o feijão-com-arroz da gestão — para consultores altamente energizados, representantes de serviços, gerentes seniores ou técnicos de fábrica — consiste cada vez mais em orientar e integrar o trabalho autônomo, mas interconectado, de pessoas com alto grau de especialização.

Como os profissionais evitam o aprendizado

Durante 15 anos, estudei em profundidade os consultores gerenciais. Decidi analisar esse tipo de profissional por algumas razões simples. Primeiro, são o epítome dos profissionais altamente educados que desempenham papel cada vez mais importante em todas as organizações. Quase todos os consultores de meu estudo apresentam MBAs das três principais escolas de gestão empresarial dos Estados Unidos. Também são altamente comprometidos com o trabalho. Por exemplo, numa das empresas, mais de 90% dos consultores pesquisados responderam que estavam "muito satisfeitos" com seu trabalho e com a empresa.

Também presumi que tais consultores profissionais seriam bons no aprendizado. Afinal, a essência do trabalho deles é ensinar os outros a fazer as coisas de maneira diferente. No entanto, constatei que esses consultores traziam consigo o dilema do aprendizado. Os mais entusiasmados com a melhoria contínua em suas organizações também eram, muitas vezes, os maiores obstáculos ao sucesso absoluto desses programas.

> ***Os profissionais personificam o dilema do aprendizado: são ao mesmo tempo entusiastas da melhoria contínua e os maiores entraves a seu êxito.***

Enquanto o esforço de aprendizado e de mudança se concentrava em fatores organizacionais externos — redesenho de cargos, programas de remuneração, avaliação de desempenho e treinamento em liderança —, os profissionais eram participantes entusiastas. Na realidade, a criação de novos sistemas e estruturas consiste exatamente no tipo de desafio em que desabrocham os profissionais de alta qualificação e intensamente motivados.

Todavia, no momento em que a busca pela melhoria contínua se voltava para o próprio desempenho dos profissionais, algo dava errado. Não era uma questão de atitudes inadequadas. O comprometimento dos profissionais com a excelência era genuíno e suas visões da empresa eram nítidas. Contudo, a melhoria contínua não ia adiante. E quanto mais prolongado o programa de melhoria contínua, maior a probabilidade de que produzisse retornos cada vez mais decrescentes.

O que acontecia? Os profissionais começavam a sentir-se pouco à vontade. Viam-se ameaçados pela perspectiva de analisar de maneira crítica seu papel na organização. De fato, por serem tão bem remunerados (e, em geral, acreditar que seus empregadores eram justos e solidários), a idéia de que seu desempenho não fosse o melhor despertava um sentimento de culpa.

Longe de ser o catalisador da verdadeira mudança, esses sentimentos provocavam quase sempre reações defensivas. Eles projetavam a culpa por qualquer problema naquilo que afirmavam ser objetivos obscuros, líderes insensíveis e injustos, e clientes obtusos.

Consideremos o seguinte exemplo. Numa importante empresa de consultoria, o gerente de uma equipe de projetos convocou uma reunião para analisar o desempenho do grupo em recente trabalho de consultoria. O cliente estava muito satisfeito e atribuíra à equipe avaliações relativamente elevadas, mas o gerente achava que a equipe não criara o valor agregado de que era capaz e que fora prometido pela empresa. Consoante o espírito de melhoria contínua, ele sentia que a equipe era capaz de apresentar melhor desempenho. Na verdade, alguns membros da equipe pensavam da mesma maneira.

O gerente sabia como era difícil para as pessoas, em geral, refletir de maneira crítica sobre o próprio desempenho no trabalho, sobretudo na presença do gerente, e assim adotou algumas medidas para tornar possível a discussão franca e aberta.

 Chamou para a reunião um consultor externo, da confiança dos membros da equipe — "apenas para assegurar a minha honestidade", afirmou. Também concordou que toda reunião fosse gravada em fita de vídeo. Assim, qualquer confusão ou desacordo subseqüente sobre os acontecimentos durante a reunião seria dirimido com base nos registros. Finalmente, ao abrir a reunião, o gerente enfatizou que não havia assunto proibido — inclusive seu próprio comportamento.

"Sei que vocês acham que não podem questionar-me", disse o gerente. "Mas eu os estimulo a me criticarem. Vocês têm o dever de apontar o que considerarem erro de liderança, assim como tenho a obrigação de indicar o que me parecer falhas da equipe. E todos devemos reconhecer nossas deficiências. Se não promovermos o diálogo aberto, não aprenderemos."

Os profissionais aceitaram a primeira metade do convite do gerente, mas discretamente ignoraram a segunda metade. Quando solicitados a identificar os principais problemas na experiência com o cliente, pareceram inteiramente fora de si. Os clientes não cooperavam e eram arrogantes. "Não achavam que tínhamos condições de ajudá-los." Os próprios gerentes da equipe eram pouco acessíveis e despreparados. "Às vezes, os gerentes não estavam plenamente informados e familiarizados sobre os assuntos das reuniões com os clientes." Com efeito, os profissionais asseveraram que não estavam aptos a agir de maneira diferente — não por causa de suas próprias deficiências, mas em decorrência de limitações alheias.

O gerente ouviu atentamente os membros da equipe e tentou responder às suas críticas. Conversou sobre os erros que cometera durante o processo de consultoria. Por exemplo, um profissional questionou a maneira como o gerente dirigira as reuniões de projeto. "Percebo que a maneira como formulava as perguntas fechava a questão", respondeu o gerente. "Não pretendia agir daquela maneira, mas entendo que vocês poderiam achar que eu já tinha tomado a decisão." Outro membro da equipe se queixou de que o gerente cedera a pressões de seu superior para apresentar o relatório do projeto com muita rapidez, considerando a enorme carga de trabalho da equipe. "Reconheço que era minha responsabilidade dizer não", admitiu o gerente. “Era evidente que todos nós tínhamos um imenso acúmulo de trabalho.”

Finalmente, depois de umas três horas de discussão sobre seu próprio comportamento, o gerente passou a perguntar aos membros da equipe sobre os erros que *eles* talvez tivessem cometido. “Afinal”, ponderou, “este cliente não é muito diferente de muitos outros. Como podemos ser mais eficazes no futuro?”

Os profissionais reiteraram que era de fato culpa do cliente e dos próprios gerentes da equipe. “Eles devem ser abertos à mudança e querer aprender”, um deles afirmou. Quanto mais o gerente tentasse fazer com que a equipe analisasse suas próprias responsabilidades pelos resultados, mais os profissionais se esquivavam do assunto. O melhor que um membro da equipe conseguiu sugerir foi que o grupo “prometesse menos” — insinuando que, de fato, a equipe não tinha como melhorar seu desempenho.

Os membros da equipe estavam reagindo defensivamente para proteger a si próprios, ainda que o gerente não estivesse agindo de maneira que um observador externo consideraria ameaçadora. Mesmo que houvesse alguma verdade nas acusações dos membros da equipe — é possível que o cliente tenha sido arrogante e fechado e que os próprios gerentes da equipe tenham ficado distantes —, a maneira como apresentaram essas alegações encerrava o processo de aprendizado. Com poucas exceções, os profissionais criticavam o comportamento do cliente e dos gerentes, mas nunca comprovaram em público suas alegações. Por exemplo, afirmaram que os clientes não estavam motivados para o aprendizado, mas, na verdade, nunca apresentaram qualquer fato que respaldasse a acusação. Quando alguém lhes apontava a falta de provas concretas, eles se limitavam a reiterar as críticas com mais veemência.

Se os profissionais tinham sentimentos tão fortes sobre a situação, por que nunca os mencionaram durante o projeto? De acordo com os profissionais, até isso era culpa dos outros. “Não queríamos hostilizar o cliente”, argumentou um deles. “Não queríamos ser vistos como chorões”, disse outro.

Os profissionais estavam recorrendo às críticas a terceiros como proteção contra o aborrecimento potencial de precisar admitir que talvez eles tivessem contribuído para o desempenho menos que perfeito da equipe. Além disso, o fato de ficar repetindo a ação defensiva como reação às tentativas do gerente para convergir a atenção do grupo para a análise de seu próprio papel mostra que aquela atitude se convertera em rotina espontânea. Sob a perspectiva dos profissionais, eles não estavam resistindo; estavam focalizados nas causas "reais". De fato, mereciam respeito e cumprimentos por terem trabalhado tão bem sob condições tão adversas.

O resultado final foram conversas paralelas improdutivas. Tanto o gerente como os profissionais foram francos; expressaram suas visões com convicção. Mas não falavam uns para os outros, nunca encontraram uma linguagem comum para descrever o que ocorrera com o cliente. Os profissionais insistiram em que a culpa era dos outros. O gerente tentou, sem êxito, conseguir que os profissionais percebessem como contribuíram para a situação que estavam criticando. O diálogo na seguinte conversa paralela é ilustrativo:

Profissionais: "Os clientes devem ser abertos. É preciso que queiram a mudança."

Gerente: "É nossa função ajudá-los a ver que a mudança é de seu interesse."

Profissionais: "Mas os clientes não concordaram com nossas análises."

Gerente: "Se eles acharam que nossas idéias não eram certas, como teríamos conseguido convencê-los?"

Profissionais: "Talvez precisássemos de mais reuniões com o cliente."

Gerente: "Se não estávamos preparados de maneira adequada e se os clientes não nos consideravam dignos de crédito, em que ajudariam mais reuniões?"

Profissionais: "Devia haver melhor comunicação entre os membros da equipe e a gerência."

Gerente: "Concordo. Mas os profissionais devem tomar a iniciativa de informar o gerente sobre os problemas que estão enfrentando."

Profissionais: "Nossos líderes são inacessíveis e distantes."

Gerente: "Como querem que saibamos disso se não nos dizem?"

Conversas como essa exemplificam de maneira dramática o dilema do aprendizado. O problema com as alegações dos profissionais não consiste em que estivessem erradas, mas que eram inúteis. Ao desviarem constantemente o foco de seu próprio comportamento para o de outros, os profissionais levaram o aprendizado para uma situação de impasse. O gerente percebe a armadilha, mas não sabe como sair dela. Aprender a desvencilhar-se dessas situações exige maior aprofundamento na dinâmica do raciocínio defensivo — e nas causas especiais que tornam os profissionais tão vulneráveis a essa armadilha.

O raciocínio defensivo e o ciclo fatal

O que explica a reação defensiva dos profissionais? Decerto, a causa não está em suas atitudes quanto à mudança ou em seu comprometimento com a melhoria contínua; eles realmente estavam empenhados em trabalhar com mais eficácia. Ao contrário, o principal fator é a maneira como raciocinavam sobre o próprio comportamento e o de outros.

É impossível pensar de maneira inovadora sobre todas as situações. Se tivéssemos de analisar exaustivamente todas as respostas possíveis sempre que nos perguntassem "Oi, tudo bem?", o mundo nos deixaria para trás. Portanto, todos desenvolvem uma teoria de ação (*theory of action*) — um conjunto de regras utilizadas pelos indivíduos para planejar e implementar seu próprio comportamento, assim como para compreender o comportamento alheio. Em geral, essas teorias de ação se tornam tão automáticas que as pessoas nem mesmo percebem que as estão adotando.

Todavia, um dos paradoxos do comportamento humano é que o programa-mestre de cada um raramente é aquilo que imagina o próprio usuário. Peça a alguém, numa entrevista ou formulário, para expressar as regras que pautam suas ações, e a resposta será o que denomino teoria de ação "esposada" (*espoused theory of action*). Todavia, observemos o comportamento da mesma pessoa e logo constataremos que a teoria esposada tem muito pouco a ver com seu verdadeiro comportamento. Por exemplo, os profissionais da equipe de projetos reafirmavam sua crença na melhoria contínua; no entanto, consistentemente, agiam de maneira que impossibilitava qualquer melhoria.

Quando observamos o comportamento das pessoas e tentamos desenvolver regras que os tornariam compreensíveis, descobrimos teorias de ação muito diferentes, o que chamo as "teorias em uso" (*theory-in-use*) do indivíduo. Em termos simples, as pessoas, coerentemente, agem com incoerência, inconscientes da contradição entre sua teoria esposada e sua teoria em uso, entre a maneira como pensam que estão agindo e o modo como efetivamente agem.

Ainda mais importante, a maioria das teorias em uso se baseiam no mesmo conjunto de valores diretivos. Parece haver uma tendência humana universal no sentido de planejar regularmente as próprias ações de acordo com quatro valores básicos:

1. Preservar o controle unilateral.
2. Maximizar as "vitórias" e minimizar as "derrotas".
3. Reprimir os sentimentos negativos.
4. Ser tão "racional" quanto possível — o que, em geral, significa definir objetivos claros e avaliar o próprio comportamento, em termos da consecução ou não desses objetivos.

O propósito de todos esses valores é evitar embaraços ou ameaças, sentir-se vulnerável ou incompetente. Sob esse aspecto, o programa-mestre da maioria das pessoas é profundamente defensivo. O raciocínio defensivo estimula as pessoas a não revelar as premissas, inferências e conclusões que forjam seu comportamento, e a evitar testá-las de maneira verdadeiramente independente e objetiva.

Como os atributos do raciocínio defensivo jamais são de fato testados, trata-se na verdade de um ciclo fechado, extraordinariamente resistente a pontos de vista conflitantes. A resposta inevitável à observação de que alguém está raciocinando de maneira defensiva é um raciocínio ainda mais defensivo. No caso da equipe de projetos, por exemplo, sempre que alguém apontava para o comportamento defensivo dos profissionais, a reação imediata era buscar a causa em outrem — clientes tão sensíveis que se considerariam hostilizados se alguém criticasse suas atitudes ou um gerente tão fraco que não compreenderia a situação se os consultores lhe expusessem suas preocupações. Em outras palavras, os membros da equipe de projetos mais uma vez rejeitaram suas próprias responsabilidades, externalizando o problema e atribuindo-o a outrem.

> ***O próprio êxito dos profissionais em sua formação escolar ajuda a explicar os problemas que enfrentam quanto ao aprendizado.***

Nessas situações, o simples ato de estimular inquirições mais profundas muitas vezes é atacado por outros como "intimidação". Os que efetuam tais ataques lidam com suas apreensões sobre a possibilidade de estarem errados, culpando as pessoas mais abertas pela instigação desses sentimentos, causando-lhes transtornos.

Não é preciso dizer que esse programa-mestre inevitavelmente provoca curto-circuitos com o aprendizado. E por numerosos motivos exclusivos de sua psicologia, os profissionais de alta qualificação são extremamente suscetíveis a esse processo.

Quase todos os consultores de meu estudo apresentam antecedentes acadêmicos brilhantes. Ironicamente, seu próprio sucesso quanto à formação escolar ajuda a explicar seus problemas com o aprendizado. Antes de ingressar no mundo do trabalho, sua vida é basicamente uma sucessão de êxitos. Assim, raramente experimentaram o embaraço e a sensação de ameaça que acompanham os malogros. Em conseqüência, seu raciocínio defensivo raramente foi ativado. Contudo, as pessoas que poucas vezes experimentaram o fracasso acabam não sabendo enfrentá-lo com eficácia. E essa tendência reforça ainda mais a propensão humana normal para raciocinar de maneira defensiva.

Num levantamento entre várias centenas de jovens consultores nas organizações incluídas em minha pesquisa, esses profissionais se descrevem como induzidos internamente por um ideal de desempenho ilusoriamente elevado: "A pressão do trabalho é auto-imposta". "Não basta que eu execute um bom trabalho; também preciso ser o melhor". "Aqui as pessoas são muito brilhantes e trabalhadoras; são altamente motivadas para apresentar um desempenho notável". "Quase todos nós queremos não apenas o sucesso, mas também alcançá-lo com o máximo de velocidade".

Esses consultores sempre se comparam com os melhores a seu redor e constantemente tentam superar seu próprio desempenho. No entanto, não gostam quando exigem que concorram abertamente entre si. Consideram a situação de alguma forma desumana. Preferem ser colaboradores individuais — o que poderia ser denominado "solitário produtivo".

Por trás dessas ambições de sucesso tão elevadas, oculta-se o medo igualmente grande do fracasso e a propensão à vergonha e à culpa quando não correspondem aos seus altos padrões. "É preciso evitar erros", afirmou um deles. "Detesto cometer erros. Quase todos nós tememos o fracasso, admitamos ou não."

À medida que esses consultores experimentavam o sucesso em suas vidas, também não precisavam preocupar-se com o fracasso e com os sentimentos de vergonha e culpa dele decorrentes. Mas também, na mesma proporção, nunca desenvolveram tolerância em relação ao sentimento de fracasso e tampouco cultivaram habilidades para enfrentar esses sentimentos. Tal situação, por sua vez, os induziu não apenas a temer o fracasso, mas também a recear o próprio medo do fracasso. Pois sabem que serão incapazes de enfrentá-lo com brilhantismo — seu nível de aspiração normal.

Os consultores usam duas metáforas interessantes para descrever o fenômeno. Referem-se a "ciclo fatal" (*doom loop*) e "mergulho fatal" (*doom zoom*). Muitas vezes, os consultores apresentam bom desempenho nas equipes de projetos, mas, quando não executam o trabalho com perfeição ou não recebem elogios dos gerentes, ingressam num ciclo fatal de desespero. E a transição não é suave; ao contrário, imergem num mergulho fatal.

> ***A avaliação do desempenho é feita sob medida para empurrar os profissionais para o ciclo fatal.***

Em conseqüência, muitos profissionais possuem personalidades extremamente "quebradiças". Quando, de súbito, se defrontam com uma situação que não conseguem resolver de imediato, tendem a despedaçar-se. Ocultam dos clientes sua aflição, mas conversam freqüentemente sobre o assunto com os demais membros da equipe. Curiosamente, essas conversas freqüentemente assumem a forma de críticas acerbas aos clientes.

Essa fragilidade induz um intenso sentimento de prostração e até mesmo de desespero, em si injustificado, quando essas pessoas não atingem os altos níveis de desempenho almejados. Esse abatimento, sob o aspecto psicológico, raramente é arrasador, mas, em conjunto com o raciocínio defensivo, pode redundar em formidável predisposição contra o aprendizado.

Não há melhor exemplo de como essa fragilidade é capaz de provocar rupturas na organização do que as avaliações de desempenho. Como representam o momento único em que o profissional deve mensurar seu comportamento em comparação com algum padrão formal, a avaliação do desempenho é ferramenta quase sob medida para derrubar os profissionais no ciclo fatal. Na verdade, a má avaliação do desempenho por vezes reverbera bem além da situação específica e desencadeia raciocínios defensivos em toda a organização.

Em determinada empresa de consultoria, a administração implementou novo sistema de avaliação do desempenho, destinado a tornar o processo mais objetivo e mais útil para os avaliados. Os consultores participaram do projeto do novo sistema e, em geral, estavam entusiasmados, pois a idéia correspondia a seus valores esposados de objetividade e justiça. No entanto, em apenas dois anos, o novo processo se tornara motivo de insatisfação. O catalisador dessa reviravolta foi a primeira avaliação insatisfatória.

Os gerentes seniores identificaram seis consultores cujo desempenho consideraram abaixo do padrão. Em consonância com o novo processo de avaliação, fizeram tudo a seu alcance para transmitir essa preocupação aos seis indivíduos e para ajudá-los a melhorar seu desempenho. Os gerentes se reuniram com cada pessoa separadamente, tantas vezes e durante tanto tempo quanto os profissionais julgaram necessário para expor as razões por trás da avaliação e analisar meios de superar as dificuldades — mas em vão. O desempenho continuou deficiente e, por fim, os seis saíram da empresa.

Quando a notícia da demissão se espalhou pela organização, a reação foi de perplexidade e ansiedade. Depois que uns doze consultores se queixaram amargamente aos gerentes, o CEO realizou duas longas reuniões, onde os empregados desabafaram suas preocupações.

Nas reuniões, os profissionais apresentaram uma série de reivindicações. Alguns afirmaram que o processo de avaliação do desempenho era injusto, pois os julgamentos eram subjetivos e tendenciosos, e os critérios de desempenho mínimo eram confusos. Outros suspeitavam que as verdadeiras causas das demissões eram econômicas e que a avaliação do desempenho foi uma desculpa esfarrapada para ocultar o fato de que a empresa enfrentava dificuldades. Ainda outros argumentaram que o processo de avaliação do desempenho bloqueava o aprendizado. Se a empresa de fato fosse uma organização que aprende, conforme se alegava, quem apresentasse desempenho inferior ao mínimo devia receber treinamento para chegar aos padrões almejados. Um profissional expôs a situação nos seguintes termos: "Disseram-nos que a empresa não adotava uma política 'sobe ou sai'. Isso é incompatível com o aprendizado. Fomos enganados."

O CEO tentou explicar a lógica subjacente à decisão da gerência, fundamentando-a nos fatos da situação e pedindo aos profissionais que apresentassem qualquer prova que contradissesse aquela realidade.

O processo de avaliação está sujeito a julgamentos subjetivos e tendenciosos? Sim, respondeu o CEO, mas "empenhamo-nos ao máximo para reduzi-los. Tentamos constantemente melhorar o processo. Se tiverem sugestões, apresentem-nas. Se souberem de alguém que recebeu tratamento injusto, levantem a questão. Se alguém achar que foi tratado de maneira incorreta, vamos discutir a situação agora ou em particular".

Será que o nível mínimo de competência é muito vago? "Estamos trabalhando para definir esse piso com mais exatidão", respondeu. "No caso daquelas seis pessoas, contudo, o desempenho era tão ruim que não foi difícil chegar a uma decisão." A maioria delas recebeu *feedback* oportuno sobre seus problemas. E nos dois casos em que isso não ocorreu, o motivo foi que as duas nunca tomaram a iniciativa de pedir avaliações — na realidade, evitaram-nas de propósito. "Se alguém tiver alguma informação em contrário", acrescentou o CEO, "vamos discutir o assunto".

As seis pessoas foram desligadas por motivos econômicos? Não, assegurou o CEO. "Temos mais trabalho do que somos capazes de executar e a saída de profissionais é extremamente dispendiosa para a empresa. Algum de vocês tem alguma informação em contrário?"

Quanto à atitude da empresa de oposição ao aprendizado, todo o processo de avaliação, na verdade, foi concebido para estimular o aprendizado. Quando o desempenho do profissional se situa abaixo do nível mínimo, explicou o CEO, "desenvolvemos, em conjunto, experiências corretivas para a pessoa. E observamos os sinais de melhoria. Nos casos em questão, ou os profissionais relutaram em aceitar as atribuições ou fracassaram reiteradamente em suas tentativas. Mais uma vez, se alguém dispuser de prova em contrário, gostaria de conhecê-la".

E o CEO concluiu: "É lamentável, mas às vezes cometemos enganos e contratamos a pessoa errada. Se os profissionais não produzem e consistentemente se mostram incapazes de melhorar, não sabemos o que fazer, senão demiti-los. Não é justo manter na empresa pessoas com desempenho deficiente. Elas recebem uma parcela indevida das recompensas financeiras."

Em vez de responder com informações próprias, os profissionais simplesmente repetiram as acusações, mas de maneira que constantemente contradiziam suas alegações. Eles afirmavam que o processo de avaliação verdadeiramente honesto devia conter dados claros e documentáveis sobre o desempenho — mas foram incapazes de fornecer exemplos decisivos sobre a injustiça que, segundo eles, caracterizou a avaliação dos seis empregados demitidos. Argumentavam que as pessoas não deviam ser julgadas com base em inferências desvinculadas do desempenho em si — mas avaliavam a gerência exatamente assim. Insistiam em que a administração definisse padrões de desempenho nítidos, objetivos e expressos — mas sustentavam que qualquer sistema humano levaria em conta o fato de que é impossível mensurar com exatidão o desempenho profissional. Finalmente, apresentavam-se como paladinos do aprendizado mas nunca propuseram qualquer critério para avaliar se alguém era incapaz de aprender.

Em síntese, os profissionais pareciam exigir da administração um nível de desempenho diferente do que impunham a si próprios. Em suas manifestações nas reuniões, incorreram em muitas das falhas de avaliação ineficaz que tanto condenavam — a falta de dados concretos, por exemplo, e a dependência em relação a uma lógica circular no estilo "cara, nós ganhamos; coroa, vocês perdem". Era como se estivessem afirmando: "Aqui estão as características de um bom sistema de avaliação do desempenho. A gerência deve observá-las; mas não nós, quando avaliamos a gerência".

Na realidade, se fôssemos explicar o comportamento dos profissionais mediante a definição das regras que teriam em mente para agir daquela maneira, suas diretrizes seriam mais ou menos as seguintes:

1. Ao criticar a empresa, manifeste a crítica de maneira válida, na sua opinião — mas também de modo a evitar que outros decidam por si próprios se sua pretensão de validade é correta.
2. Quando lhe pedirem para exemplificar suas críticas, não inclua dados que permitam que outros decidam por si próprios quanto à validade dos exemplos.
3. Expresse suas conclusões de modo a disfarçar suas implicações lógicas. Se outros apontarem tais conseqüências, negue-as.

Evidentemente, quando essas normas foram apresentadas aos profissionais, eles as consideraram detestáveis. Era inconcebível que tais critérios explicassem suas ações. Contudo, ao se defenderem da imputação, quase sempre, inadvertidamente, confirmavam as regras.

Aprendendo a raciocinar de maneira produtiva

Se o raciocínio defensivo é assim tão difuso, o foco nas atitudes e comprometimentos individuais jamais será suficiente para produzir a verdadeira mudança. E, como ilustra o exemplo anterior, tampouco o seria o desenvolvimento de novas estruturas ou sistemas organizacionais. O problema é que, mesmo quando estão verdadeiramente comprometidas com a melhoria do desempenho e a gerência muda a organização para estimular o tipo de comportamento "correto", as pessoas ainda permanecem presas ao raciocínio defensivo. Continuam inconscientes do fato ou, caso se conscientizem, jogam a culpa em outros.

No entanto, há razões para acreditar que as organizações são capazes de romper esse círculo vicioso. Apesar da força do raciocínio defensivo, as pessoas de fato se esforçam para realizar seus objetivos. Valorizam a atuação competente. Sua auto-estima vincula-se intimamente com o comportamento consistente e o desempenho eficaz. As empresas podem usar essas tendências humanas universais para ensinar as pessoas a raciocinar de uma nova maneira — com efeito, a mudar seus programas-mestres e reformular seu comportamento.

> ***Até que os gerentes seniores se conscientizem da maneira como raciocinam defensivamente, qualquer mudança de atividade provavelmente será simples modismo.***

É possível ensinar as pessoas a reconhecer o tipo de raciocínio que praticam ao planejar e implementar suas ações. As pessoas são capazes de identificar as inconsistências entre suas teorias de ação esposada e efetiva. Também podem reconhecer o fato de que inconscientemente planejam e implementam ações indesejáveis. E ainda conseguem aprender a identificar ações individuais e grupais para a criação de defesas organizacionais e perceber como essas defesas contribuem para os problemas das empresas.

Quando embarcam nesse processo de aprendizado, as empresas descobrem que o tipo de raciocínio necessário à atenuação e superação das defesas organizacionais é o mesmo tipo de "raciocínio rigoroso" que possibilita o manejo eficaz de conceitos em estratégia, finanças, marketing, fabricação e em outras disciplinas gerenciais. Qualquer análise estratégica sofisticada, por exemplo, impõe a coleta de dados válidos, o exame cuidadoso dos dados coligidos e o teste constante das inferências extraídas das informações. Os testes mais árduos se aplicam às conclusões. Os bons estrategistas se asseguram de que suas conclusões resistem a todos os tipos de questionamentos críticos.

O mesmo ocorre com o raciocínio produtivo sobre o comportamento humano. O padrão de rigor analítico é igualmente elevado. Os programas de recursos humanos não mais precisam basear-se em raciocínios não-quantitativos; ao contrário, devem ser tão analíticos e tão fundamentados em dados quanto qualquer outra disciplina gerencial.

Evidentemente, não foi esse o raciocínio usado pelos consultores, quando se depararam com problemas embaraçosos ou ameaçadores. Os dados que coletaram dificilmente seriam considerados objetivos. Suas inferências raramente se tornavam explícitas. Suas conclusões eram, em boa parte, movidas pelo interesse próprio, não sujeitas a testes e, em conseqüência, "auto-isolantes" e impérvias à mudança.

De que maneira a empresa será capaz de reverter a situação ao seu redor, de ensinar seus membros a raciocinar de maneira produtiva? O primeiro passo é a iniciativa dos gerentes de alto nível em proceder à análise crítica e à transformação de suas próprias teorias em uso. Até que os gerentes seniores se conscientizem de seus próprios raciocínios defensivos e de suas conseqüências contraproducentes, o progresso será pouco. Qualquer mudança de atividade não passará de modismo.

A mudança deve começar no topo, pois, do contrário, os gerentes seniores desabonarão qualquer transformação nos padrões de raciocínio provenientes da base. Se os profissionais ou gerentes de nível médio começarem a mudar seu raciocínio e ação, tais transformações provavelmente parecerão estranhas — senão de fato perigosas — para o pessoal do alto. O resultado é uma situação instável em que os gerentes seniores ainda acreditam que é sinal de zelo e sensibilidade contornar e encobrir as dificuldades, enquanto os subordinados interpretam as mesmas ações como atitudes defensivas.

O fator crítico de qualquer experiência educativa destinada a ensinar os gerentes seniores a raciocinar de maneira produtiva é vincular o programa a problemas de negócios reais. A melhor demonstração da utilidade do raciocínio produtivo é a percepção pelos próprios gerentes da maneira como a mudança de abordagem de fato acarretará diferenças significativas em seu próprio desempenho e no da organização. Essa transformação não ocorrerá da noite para o dia. Os gerentes precisam de muitas oportunidades para praticar as novas habilidades. Mas depois que se derem conta do poderoso impacto do raciocínio produtivo sobre o desempenho real, terão fortes incentivos para raciocinar de maneira produtiva, não apenas nas sessões de treinamento, mas também em todos os seus relacionamentos de trabalho.

Uma abordagem simples que tenho adotado para deflagrar o processo é pedir aos participantes que elaborem um tipo de estudo de casos rudimentar. O tema é um problema de negócios real que o gerente precise resolver ou que tenha tentado solucionar no passado sem obter êxito. A redação do caso em si geralmente leva menos de uma hora. Mas, depois, o caso se transforma em ponto focal de uma ampla análise.

Por exemplo, o CEO de uma grande empresa de consultoria em desenvolvimento organizacional estava preocupado com os problemas decorrentes da intensa competição entre as diferentes funções empresariais representadas por seus quatro subordinados diretos. Não apenas se cansara dos problemas que jogavam em cima dele, mas também estava preocupado com o impacto dos conflitos interfuncionais sobre a flexibilidade da organização. Até calculara que as despesas com a solução dos conflitos chegavam a centenas de milhares de dólares por ano. E quanto mais freqüentes as brigas, mais defensivas se tornavam as pessoas, o que apenas aumentava os custos da organização.

Em determinado trecho, o CEO descreveu a reunião que pretendia realizar com seus subordinados diretos para tratar do problema. Em seguida, dividiu a folha em duas partes e, no lado direito da página, descreveu um cenário para a reunião — algo muito parecido com o roteiro de um filme ou peça teatral —, prevendo o que ele diria e a resposta provável dos subordinados. No outro lado, anotou alguns pensamentos e sentimentos que provavelmente lhe ocorreriam, mas que ele não expressaria durante a reunião, com medo de que desandassem as discussões.

Contudo, em vez de efetivamente realizar a reunião, o CEO analisou o cenário *com* seus subordinados diretos. A situação se converteu no gatilho de um processo em que o CEO aprendeu várias coisas sobre a maneira como agia com sua equipe gerencial.

Ele descobriu que seus quatro subordinados diretos geralmente percebiam suas conversas como contraproducentes. Com o intuito de ser "diplomático", simulava a existência de consenso sobre os problemas, quando, de fato, nada tinha sido conseguido. Resultado não-intencional: em vez de se sentirem tranqüilos, os gerentes continuavam desconfiados, tentando descobrir "aonde é que ele *de fato* está querendo chegar".

O CEO também percebeu que a maneira como tratava da competição entre os chefes de departamento era completamente contraditória. De um lado, exortava-os a "pensar na organização com um todo". De outro, continuava cobrando ações — cortes nos orçamentos departamentais, por exemplo — que atiçavam a competição direta entre eles.

Finalmente, o CEO descobriu que muitas das avaliações e imputações que listara no trabalho se revelaram erradas. Como até então nunca havia manifestado tais pressupostos, não tinha idéia de como eram falsos. Além disso, constatou que boa parte do que supunha estar ocultando dos subordinados acabava vindo à tona — mas com a conotação adicional de que o chefe estava encobrindo a realidade.

> ***O aprendizado do raciocínio produtivo pode despertar emoções — e ser, por vezes, doloroso. Mas as recompensas são grandes.***

Os gerentes do CEO também aprenderam sobre seu próprio comportamento ineficaz, ao examinar suas atitudes enquanto tentavam ajudar o CEO a analisar a situação. Também aprenderam ao escrever e analisar seus próprios casos. Começaram a perceber que eles também evitavam e encobriam as verdadeiras questões, e que o CEO geralmente estava ciente da situação, embora não se manifestasse sobre o assunto. Também eles faziam avaliações e imputações imprecisas, que não expressavam. Além disso, a crença de que tinham de ocultar do CEO, e entre si, importantes idéias e sentimentos a fim de não causar transtornos se revelou um erro. No contexto das discussões sobre o caso, toda a equipe gerencial sênior se mostrou muito disposta a discutir o que sempre fora indiscutível.

Com efeito, o exercício de estudos de casos legitima a abordagem de assuntos que as pessoas nunca foram capazes de enfrentar antes. Tais discussões podem despertar emoções e até ser dolorosas. Todavia, para os gerentes com a coragem de ir adiante, a recompensa é grande: equipes gerenciais e organizações inteiras trabalham de maneira mais aberta e mais eficaz e dispõem de maiores opções para se comportar com flexibilidade e se adaptar a determinadas situações.

Quando treinados em novas habilidades de raciocínio, os gerentes seniores tornam-se capazes de exercer grande impacto sobre o desempenho de toda a organização — mesmo quando os empregados ainda raciocinam de maneira defensiva. O CEO que liderou a reunião sobre os procedimentos de avaliação do desempenho foi capaz de atenuar a insatisfação porque não respondeu especificamente às críticas dos profissionais, mas, ao contrário, efetuou uma exposição clara de dados relevantes. Na verdade, a maioria dos participantes interpretou o comportamento do CEO como indício de que a empresa de fato agiu com base nos valores esposados de participação e envolvimento dos empregados.

O questionamento do raciocínio de outrem não é sinal de falta de confiança, mas valiosa oportunidade de aprendizado.

Evidentemente, o ideal é que todos os membros da organização aprendam a raciocinar de maneira produtiva. Isso ocorreu na empresa de consultoria onde se realizou a reunião com a equipe de projetos. Hoje, os consultores e os respectivos gerentes são capazes de enfrentar algumas das questões mais difíceis referentes ao relacionamento consultor-cliente. Para se ter uma idéia da diferença resultante do raciocínio produtivo, imaginemos como teria sido aquela primeira conversa entre o gerente e os membros da equipe de projetos, se todos tivessem raciocinado com eficácia. (O diálogo seguinte se baseia em sessões reais de que participei com outras equipes de projetos na mesma empresa, após a conclusão do treinamento.)

Primeiro, os consultores teriam demonstrado seu comprometimento com a melhoria contínua, ao se mostrarem dispostos a examinar seu próprio papel nas dificuldades que surgiram durante o projeto de consultoria. Sem dúvida, ainda atribuiriam parte do problema aos gerentes e clientes, mas teriam ido adiante e admitido que também contribuíram para a situação. Mais importante, teriam concordado com o gerente no sentido de que, à medida que analisassem os diferentes papéis dos clientes, gerentes e profissionais, era preciso testar com base em dados objetivos quaisquer de suas avaliações ou imputações. Cada indivíduo teria encorajado os demais a questionar seu raciocínio. Na verdade, teriam insistido nesse ponto. E, por sua vez, cada um teria interpretado aquele ato de questionamento não como sinal de desconfiança ou invasão de privacidade, mas como valiosa oportunidade de aprendizado.

A conversa sobre a propensão do gerente a não dizer não talvez tivesse sido mais ou menos assim:

Profissional 1: "Um de meus maiores problemas com a maneira como você gerenciou esse caso foi a sua aparente incapacidade de dizer não, quando o cliente ou seu chefe fazia demandas indevidas." [Dá um exemplo.]

Profissional 2: "Tenho outro exemplo. [Descreve um segundo exemplo.] Mas também gostaria de dizer que nunca lhe manifestamos nossos sentimentos sobre isso. Na sua ausência, nós o criticávamos — você sabe, 'ele é um medroso' —, mas nunca lhe dissemos isso claramente."

Gerente: "Certamente teria sido útil se alguém tivesse chamado minha atenção sobre isso. Será que eu disse ou fiz alguma coisa que lhes deu a idéia de que seria melhor não levantar a questão comigo?"

Profissional 3: "Não mesmo. Acho que não queríamos parecer chorões."

Gerente: "Bem, sem dúvida acho que vocês não parecem chorões. Mas eu fico pensando em duas coisas. Se eu os estou compreendendo corretamente, vocês reclamavam entre si, mas as queixas a meu respeito e sobre minha incapacidade de dizer não ficaram encobertas.

Segundo, se tivéssemos discutido o assunto, talvez eu tivesse conseguido os dados necessários para ter condições de dizer não."

Observe que, quando o segundo profissional descreve como os consultores encobriram suas queixas, o gerente não o critica. Ao contrário, ele o recompensa por ter-se aberto e ter dado uma resposta específica. Ele se concentra nas maneiras como também ele pode ter contribuído para o encobrimento. Assim, a reflexão não-defensiva sobre seu próprio papel no problema possibilitou que os profissionais falassem sobre seu receio de parecerem chorões. O gerente concorda com os profissionais no sentido de que eles não devem tornar-se queixosos contumazes, mas, ao mesmo tempo, aponta para as conseqüências contraproducentes do encobrimento das queixas.

Outra questão não-solucionada na reunião da equipe de projetos envolvia a suposta arrogância dos clientes. Uma conversa mais produtiva sobre o problema teria sido mais ou menos assim.

Gerente: "Vocês afirmaram que os clientes eram arrogantes e não cooperavam. O que eles disseram e fizeram nesse sentido?"

Profissional 1: "Um perguntou se eu alguma vez tinha visto uma folha de pagamento. Outro perguntou há quanto tempo eu tinha saído da escola."

Profissional 2: "Um chegou a perguntar qual era a minha idade!"

Profissional 3: "Isso não é nada. Isso não é nada. O pior é quando eles dizem que tudo que fazemos é entrevistar pessoas, escrever um relatório com base no que nos dizem e depois cobrar honorários."

Gerente: "O fato de em geral sermos tão jovens é mesmo um problema para muitos de nossos clientes. Eles se tornam muito defensivos em relação a isso. Mas eu gostaria de analisar se há alguma maneira pela qual os clientes expressariam, com liberdade, seus pontos de vista, sem que fiquemos na defensiva..."

"O que me preocupou em suas primeiras respostas foi o fato de presumirem que estavam certos ao chamar os clientes de imbecis. Uma coisa que já percebi sobre os consultores — nesta empresa e em outras — é que tendemos a defender-nos xingando o cliente."

Profissional 1: "Certo. Afinal, se eles de fato são imbecis, evidentemente não é nossa culpa que não estejam entendendo a situação!"

Profissional 2: "É claro, essa posição é contrária ao aprendizado e superprotetora. Ao presumir que são incapazes de compreender, eximimo-nos de qualquer responsabilidade."

Profissional 3: "E quanto mais continuamos xingando os clientes, mais reforçamos entre nós nossa atitude defensiva."

Gerente: "E então, qual é a alternativa? Como estimular o cliente a expressar sua atitude defensiva e, ao mesmo tempo, de maneira construtiva, aproveitá-la de maneira positiva?"

Profissional 1: "Todos sabemos que o verdadeiro problema não é nossa idade; é se somos ou não capazes de agregar valor à organização do cliente. Eles devem julgar-nos pelo que produzimos. E se não estivermos agregando valor, devem dispensar-nos — não importa se somos jovens ou velhos."

Gerente: "Talvez isso seja exatamente o que devemos dizer a eles."

Em ambos os exemplos, os consultores e o gerente estão de fato realizando um trabalho produtivo. Estão aprendendo sobre sua própria dinâmica de grupo e enfrentando alguns problemas genéricos no relacionamento cliente-consultor. Os *insights* assim adquiridos lhes permitirão agir com mais eficácia no futuro — como indivíduos e como equipe. Não estão apenas resolvendo problemas, mas desenvolvendo uma compreensão muito mais profunda e mais estruturada de seu papel como membros da organização. Estão preparando os alicerces para a melhoria contínua, que é verdadeiramente um processo constante. Estão aprendendo a aprender.

Publicado originalmente em maio-junho de 1991.
Reimpressão 91301.

Os Autores

CHRIS ARGYRIS é professor de educação e comportamento organizacional na cátedra James Bryant Conant da Harvard University. Atuou como consultor especial dos governos da Inglaterra, França, Alemanha, Itália e Suécia em questões sobre desenvolvimento de executivos e produtividade. É autor de trezentos artigos e trinta livros, inclusive *Knowledge for Action: A Guide to Overlooking Barriers to Organizational Change* e *On Organizational Learning*. Em 1994, o professor Argyris recebeu o prêmio Award for Lifetime Contributions to the Discipline of Management, da Academy of Management.

DAVID C. McCLELLAND, já falecido, era professor de psicologia da Harvard University em Cambridge, Massachusetts, quando este artigo foi originalmente publicado, em 1976. Na época, David H. Burnham acumulava os cargos de diretor geral e presidente da McBer and Company, empresa de consultoria especializada na ciência comportamental. Atualmente, Burnham é um dos sócios do Burnham Rosen Group, escritório de consultoria estratégica e treinamento de liderança localizado em Boston.

JAMES WALDROOP e TIMOTHY BUTLER, ambos psicólogos, são diretores da Peregrine Partners, empresa de consultoria com sede em Brookline, Massachusetts, especializada em desenvolvimento de executivos e em retenção de empregados. São criadores da CareerLeader, programa de avaliação de carreiras via Internet (careerleader.com) e autores de *Discovering Your Career in Business* e *The Twelve Bad Habits that Hold Good People Back*.

HARRY LEVINSON é presidente do The Levinson Institute e professor emérito de psicologia clínica do Department of Psychiatry da Harvard Medical School.

JOHN HAMM é sócio e treinador de desenvolvimento de liderança da Redpoint Ventures, em Menlo Park, Califórnia. Foi presidente da Whistle Communications, empresa de tecnologia adquirida pela IBM em 1999.

J. STERLING LIVINGSTON pertenceu ao corpo docente da Harvard Business School de 1941 a 1971. Em 1967 fundou em Washington, DC, o Sterling Institute, uma consultoria de administração especializada em treinamento e desenvolvimento de executivos, cujo conselho presidiu até 1998. Atualmente está criando o Sterling Center for Applied Managerial Leadership, em Key Biscayne, Flórida.

NATALIE SHOPE GRIFFIN é consultora de desenvolvimento organizacional e de executivos da Nationwide Financial, firma de serviços financeiros com sede em Columbus, Ohio.

NIGEL NICHOLSON é professor de comportamento organizacional e diretor do Center for Organizational Research na London Business School. É autor de "How Hardwired Is Human Behavior?" (HBR, July–August 1998).

Conheça também:

GESTÃO DO CONHECIMENTO

ISBN: 978-85-352-0699-9 ou
ISBN: 85-352-0699-X
Páginas: 208

COMO O LÍDER PENSA

ISBN: 978-85-352-1682-0 ou
ISBN: 85-352-1682-0
Páginas: 176

EMPREENDEDORISMO E ESTRATÉGIA

ISBN: 978-85-352-0996-9 ou
ISBN: 85-352-0996-4
Páginas: 208

ÉTICA E RESPONSABILIDADE SOCIAL NAS EMPRESAS

ISBN: 978-85-352-1583-0 ou
ISBN: 85-352-1583-2
ISBN: 180

GERÊNCIA DE ALTA PERFORMANCE

ISBN: 978-85-352-1279-2 ou
ISBN: 85-352-1279-5
Páginas: 172

GESTÃO DE EMPRESAS SUSTENTÁVEIS

ISBN: 978-85-352-1644-8 ou
ISBN: 85-352-1644-8
Páginas: 168

GESTÃO E IMPLEMENTAÇÃO DE PROJETOS

ISBN: 978-85-352-1681-3 ou
ISBN: 85-352-1681-2
Páginas: 188

Conheça também:

LIDERANÇA

ISBN: 978-85-352-1948-7 ou
ISBN: 85-352-1948-X
Páginas: 240

LIDERANÇA CLASSE MUNDIAL

ISBN: 978-85-352-1601-1 ou
ISBN: 85-352-1601-4
Páginas: 176

LIDERANDO EM TEMPOS DE TURBULÊNCIA

ISBN: 978-85-352-1278-5
ISBN: 85-352-1278-7
Páginas: 184

O VALOR DA INOVAÇÃO

ISBN: 978-85-352-1617-2
ISBN: 85-352-1617-0
Páginas: 160

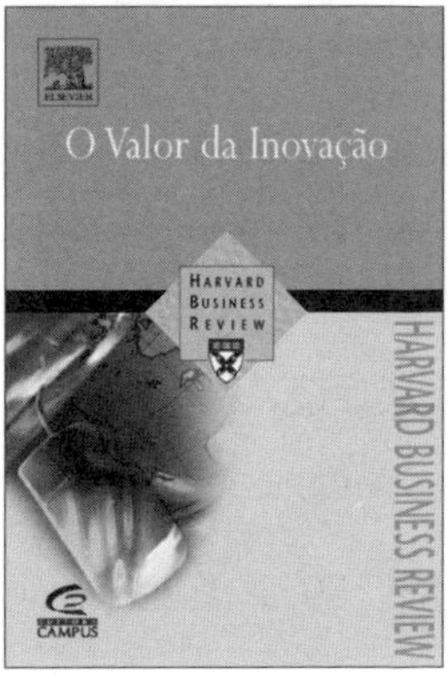

Sistema CTcP,
impressão e acabamento
executados no parque gráfico da
Editora Santuário
www.redemptor.com.br - Aparecida-SP